W I Z A R D

トレードで成功するための「聖杯」はポジションサイズ

トム・バッソが教えるその理由とその方法

トム・バッソ［著］

長岡半太郎［監修］　井田京子［訳］

SUCCESSFUL TRADERS SIZE THEIR POSITIONS

WHY AND HOW?

BY TOM BASSO

Pan Rolling

監修者まえがき

本書は「マーケットの魔術師」の一人であるトム・バッソによる〝Successful Traders Size Their Positions – Why and How?〟の邦訳である。バッソはジャック・シュワッガーの**『新マーケットの魔術師』**（パンローリング）で「トレーダーの鑑」として紹介されており、本書ではポジションサイズ（リスクイクスポージャー）を管理することによって、いかなる状況でも冷静沈着にトレードする方法の基礎を解説している。

一般に、投資家の興味は良い銘柄を選ぶことにあり、トレーダーは売買エンジンを最適化することに最大の関心を払う。一方で、ポートフォリオを適切に構築すること、各種リスクを可能なかぎり見える化・定量化し管理すること、そしてそれらを心理的な安全・安心にまで昇華させることに注力する人はほとんどいない。だが、その大切さはいくら強調してもしきれるものではなく、ゆえに「マーケットの魔術師」たちは例外なくリスク管理に言及してきたのである。

私の若い知人の一人に十年来のウイザードブックシリーズ（ＷＢＳ）の愛読者のファンドマネジャーがいる。彼のファンドのトラックレコードはピアグループ内で群を抜いている。その異質さは、単にリターンの絶対値だけではなく、その安定性がほかの追随をまったく許さないレベルにあるところにある。自社や他社を含めほとんどの機関投資家がほぼ同じような情報に接し、同じような条件・制約下で運用を行っているのにもかかわらず、なぜ彼の運用が統計的に明らかに有意に優れているのかについては、彼の所属組織でもだれも理解できず謎とされている。

だが、ＷＢＳの読者にとっては不思議でもなんでもないが、彼のエッジの一つはリスク管理にある。一連のＷＢＳで解説されてきた（しかし伝統的な投資の世界ではなじみのない）リスク管理方法を、彼は自分の運用に導入し愚直に実行しているのである。あまり強調されていないことだが、リスクを適切に管理する技術は、単に使い手に安心感を与えるだけではなく、パフォーマンスの飛躍的な向上をもたらす。

さて、バッソはメンタルマネジメントとセットで語られることが多く、彼がその重要性を広く一般に啓蒙したことの功績は計り知れない。結果としてその努力は、私たち普通の人がだれでも投資家やトレーダーとして成功するための道を開くことになった。私が初めてバッソに会ったのは二〇年以上前になるが、そのときのさまざまな会話のなかで、今でも忘れられないのは、彼が「だれもがトレードで大成功できるとは限らない。なぜなら、それには運の要素が絡むからだ。だが、トレードで成功し豊かな生活を送ることならだれでも必ずできる」と話したことである。

資産を形成するために一番重要なのは、良い銘柄でもなければ、優れた売買エンジンでもなく、地道に投資・トレードを続けることそのものにある。向上心がある人間なら経験を積むことで学ぶことができるし、長い間に訪れるいくつかのチャンスをつかむこともできる。逆にそれを阻害するのは、リスクを管理しないことに起因する経済的な破綻や精神的な崩壊である。少なからぬ人が成功への希望を強く持ちながらその手段を誤って挫折する。本書はそれを避けるための入門書である。

このように機関投資家にとっても個人投資家やトレーダーにとっても、リスクを管理し、心理的な安定と良好なパフォーマンスを確保する技術は、この世界における無双の究極的な奥義とも言える。それは、銘柄選択能力の向上や売買エンジンの開発のように相当の努力が必要なものとは異なり、現在ではだれもが容易に習得することが可能な技となった。

翻訳にあたり、井田京子氏には正確で読みやすい翻訳を、そして阿部達郎氏は丁寧な編集・校正を行っていただいた。また、本書が発行される機会を得たのはパンローリング社社長の後藤康徳氏のおかげである。

二〇二一年八月

長岡半太郎

目次

まえがき

ローレンス・ベンスドープ

私が初めてトム・バッソに会ったのは、二〇一三年にアリゾナ州ペイソンにある彼の山荘を訪れたときだった。当時、私はすでに彼について書かれたものをかなり読んでいたが、実際に会って印象に残ったのは彼のトレードに対するゆったりとした姿勢だった。私たちはメディアに感化されて、トレーダーというのはストレスを抱え、落ち着きがなく、ポートフォリオの株の動きに一喜一憂するような人たちだというイメージを持っている。しかし、それはバッソとはほど遠かった。彼が三〇年以上、トレードで高い利益を上げてきた理由の一つは、バッソがポジションサイジングの達人だからだ。この素晴らしい本には、彼が経験を重ねて培ってきたポジションサイジングの方法が書かれている。彼は、それをみんなが応用できる理解しやすいアルゴリズムにまとめて紹介してくれた。

バッソはこの方法を分かりやすく説明し、単純で明快な例を示し、ポジションサイジング戦略の構成要素をステップごとに示している。もし私がこの概念を二〇〇〇年当時に知っていたら、トレーダーとしてもっと早く利益を出せるようになっていただろう。本書は、仕掛け時のポジションサイズの決め方から、トレード中にリスク管理を継続して行う方法までを網羅しており、初心者にとっても経験豊富なトレーダーにとっても必読の書になっている。

本書では、まず自分に合うトレード戦略を選ぶことの重要性と、ポジションサイズを管理する必要性について述べている。私が経営するトレーディング・マスタリー・スクールでは、自動トレード戦略について教えている。私は長年、たくさんの人に教えてきたが、そこで気づいた重要なことは、トレーダーは一人ひとり違うということである。考え方も、強みも、弱みも、リスク許容量も、目的も、トレーダーそれぞれで違うのだ。バッソはそのことを理解し、戦略があなたという人に合ったものでなければならないということを強調している。この重要な点をあまりにも多くの人が見過ごし、そのためにトレードで苦戦している。

第４章から第10章は、仕掛けのリスクやブレイクアウトや証拠金を考慮してポジションサイズを決める簡単な公式とその例を分かりやすく説明している。これらの章を読めば、ポジションの推奨サイズを算出する方法を理解できる。しかも、本書に出てくる公式や例は電卓で計算できる簡単なものなので、だれでもすぐに自分のトレードに応用することができる。

そのあと、バッソはトレード中のポジションのリスクとボラティリティと証拠金を管理することの重要性を非常にうまく説明している。これが極めて重要な理由は、仕掛けのポジションを過去のボラティリティに基づいて立てているからである。しかし、トレードを始めると、ボラティリティは簡単に変わってしまう。例えば、それまではボラティリティが非常に低かった株を買ったとしよう。これは、リスクとリワードの割合が非常に有利なセットアップだ。しかし、トレードを仕掛けてしばらくうまくいったあと、ボラティリティが急に上昇し始め、損切り注文を市場のスピードに合わせて動かすことができなくなる。そして突然、一日の値動きが仕掛けたときのボラティリティの四倍にもなるのだ。その時点で、ほとんどのトレーダーは、たとえ勝ちトレードであっても、感情や精神を普通の状態に保つことができなくなる。

第5章には、この実例が紹介されている。ここでも、バッソは、トレード中のリスクやボラティリティや証拠金を継続的に管理するための単純な戦略を紹介している。これは特に長期ポジションで重要になる。時間とともにボラティリティが変わっていくからだ。大事なのはトレードを続けていくことなのである。バッソが提供する情報を応用すれば、大きな利益が期待できるポジションを維持するか、それとも日々のスイングに耐えきれずに早めに手仕舞ってしまうのかという違いが生まれる。

　また、バッソはとてつもない結果を狙うポジションサイズ戦略を使うことの危険性を完璧に説明している（例えば、ケリーの基準）。これが非常に危険なことで、資金を台無しにする可能性が非常に高いことは私もまったく同感だ。売りと買いのルールがあるすべてのトレード戦略は、うまくいくときもあれば、うまくいかないときもある。適切なポジションサイズで安定的なリターンを狙うのではなく、「すぐに大儲けできる」と謳うポジションサイズ戦略を使っていれば、ほんの何日かですべてを失うこともある。トレーダーが自分の戦略を捨てることになる主な理由の一つが、積極的にリスクをとりすぎたポジションサイズだ。トレードでは、自分の戦略を長く使い続けることが重要である。これは、ドローダウンの時期も横ばいや勝っている時期と同じ精神状態で過ごすことができれば可能になる。

　第11章では、ポートフォリオ全体のリスクに基づいたポジションサイジングという概念と、全体のリスクが高くなりすぎたときのポジションサイズの減らし方を紹介している。バッソは、これを戦略に含めることの付加価値を、シミュレーション用のソフトウェアを使って示している。これは素晴らしい。

そして、第15章ではポジションサイジングのスイートスポットの重要性についての説明がある。これこそが、自分の目的に応じてトレードするための戦略を構築するためのアルゴリズムである。バッソにとって、これはリラックスした穏やかな精神状態でトレードすることである。そして私にとっては日々どれほど株価が上や下に変動しても、私の精神状態や幸福度やトレードとトレードの一貫性に対する姿勢が変わらないことである。読者もそれぞれトレードの目的は違う。もしバッソのポジションサイジングの公式を自分のトレードに応用すれば、トレーダーとして成功する確率は大いに上がるだろう。

（トレーディング・マスタリー・スクールCEO［最高経営責任者］兼『強気でも弱気でも横ばいでも機能する高リターン・低ドローダウン戦略』［パンローリング］と『ザ・30ミニット・ストック・トレーダー』［パンローリングより近刊予定］の著者）

はじめに

私は一二歳のときに新聞配達のアルバイト代で投資信託を買って以来、化学エンジニアとして短期間働いたときも株投資を行い、そのあとの二八年間はプロのマネーマネジャーとして証券や先物や通貨をトレードし、今は個人で年金資金を運用している。そして、この間にトレードの世界でたくさんのことを見てきた。例えば、学者と資産運用の専門家は投資プロセスを不可解で複雑なものにしている。すると、それを見た多くの個人投資家は自分のポートフォリオを運用するのが怖くなってしまうだろう。しかし、そんなことは気にせずに投資を始めてほしい。

正しいサイズでポジションを建てるという考えは、新しいことではない。また、本書には簡単な数式が出てくるが、中学二年までの知識があれば十分だ。コンピューターがあれば便利だが、必須ではない。バン・K・タープ博士の『デフィニティブ・ガイド・トゥ・ポジション・サイジング――ハウ・トゥ・イバリュエート・ユア・システム・アンド・ユーズ・ポジション・サイジング・トゥ・ミート・ユア・オブジェクティブス』（Definitive Guide to Position Sizing : How to Evaluate Your System and Use Position Sizing to Meet Your Objectives）のような素晴らしい本は、すべてを網羅し、たくさんの例を挙げ、たくさんの数式を用いて、すべての読者に市場ではポジションごとのサイズが大きな違いを生むことを納得させてくれる。このような本は、ポジションサイズについて深く掘り下げたい人には本当に役に立つ。ただ、私が知るトレーダーの多くは、単純に「利益」を上げる方法を知りたがっている。そこで、本書ではポジションサイズの実践的な決め方に関する私の考えをできるだけ単純かつ実用的に述べることにした。

第1章

トレードで成功するために必要な三つのこと

売買エンジン

トレードを始めたばかりの人の多くは、私が「売買エンジン」と呼んでいるものを過度に重視する。売買エンジンとは何だろうか。戦略には必ず行動を起こすときを知らせるトリガーがある。毎朝、起きてからその日に何をどのようにトレードするかを決めるという方法で成功するのは難しい。この方法はギャンブルよりも悪いし、悲惨な結果になる可能性が高い。

それでも、新人トレーダーはブローカーのトレード用プラットフォームを開き、そこに組み込まれている指標（「調査レポート」などと呼ばれていることもある）をチェックし、お気に入りの株や先物の画面を出して、指標が買いや売りのシグナルを出しているかどうかを確認する。このような方法は、全体的な戦略を見ているのではなく、売買エンジンの一例を見ているだけにすぎない。移動平均やケルトナーバンドやレンジブレイクアウトからＨＬ（ハイロー）バンドまで、売買エンジンはトレーダーに行動を促す具体的な価格やタイミングを示してくれる。

もし売買エンジンが魅力的に映ったとしても、それはトレードで成功するための最初の一歩にすぎない。トレードを始めたばかりで、その価格やそのタイミングで買ったり売ったりする理由が分かっていない人は、まずは自分が理解できて、市場の動きに対する自分の見方と合っている方法を探してほしい。そして、それが見つかったあとは、もう一つさらに重要なことがある。私はこれまで、売買エンジン探しに夢中になって、トレードを始められない人たちをたくさん見てきた。彼らは「完璧」な売買エンジン探しに膨大な時間を費やし、そこから抜け出すことができなくなっているのだ。

私はトレンドスタット・キャピタル時代に短期間、ランダムな売買エンジンを作って試していたことがある。もしある資産について一日の終わりにポジションがなければ、コンピューターのなかでコイン投げをして翌朝買うか売るかを決めるという手法だ。それを、トレンドスタットにおける最高のポジションサイズの技術（本書で紹介する方法）を使って管理し、論理的と思われる位置に損切り注文を置き、ある程度分散させるために流動性の高い一〇の先物市場で行うということを、何年ものデータを使ってシミュレーションしてみた。「コイン投げ」の結果は毎回違うため、私は同じことを数千回も繰り返すプログラムを作り、毎回結果を記録していった。結果はどうだっただろうか。もちろん、コイン投げを使った売買エンジンなど使いたくはないが、結果は予想していたとおり、このとき使った市場と期間において、多少の利益を生む傾向が認められた。

ポジションとポートフォリオを管理する

売買エンジンよりも大事なことは、実はポジションやポートフォリオの管理である。正しくポジションを管理しなければ結果が一貫せず、破綻してひどい目に遭う可能性が高くなる。ポートフォリオの管理とは、ポートフォリオ内でトレードするものを選択することで、これも軽視してはならない。もし株式市場が二五％下げたときに大型株ばかり保有していれば、ポートフォリオの価値も二五％前後下げる可能性が高い。最終的なリターンは、何をトレードするのか、各ポジションの相関性がどれだけ低いのか、ポートフォリオにいつ何を加えたり外したりするのか、買いと空売りを組み合わせるのか、買いのみにするのかといったことにかかっている。

トレードにおいて極めて重要な課題はほかにもたくさんあり、それらは私が作成した「クリエーティング・ユア・オウン・サクセスフル・トレーディング・ストラテジー」というビデオシリーズ（全一六回）で詳しく紹介している。このビデオは、私がトレーダーの教育と成長を手助けするために作ったウェブサイト（https://enjoytheride.flickrocket.com/

us/Creating-Your-Own-Successful-Trading-Strategy/p/121508）から購入できる。これらの項目を、ポジションサイズの本一冊ですべて網羅することはできないが、トレーダーとしての勉強に終わりがないことだけは言える。トレードの成功の助けになる細かいポイントはいくらでもある。本書はそのなかで長年私の助けになった非常に大事なことをいくつか紹介していくことにする。

トレードの心理的な側面

トレードにおいて最も大事で、自分のトレードという船を停止させたり、台無しにしたり、沈めたりしてしまうのが、戦略や市場に対するトレーダー自身の反応である。このことに関しては優れた本がたくさんあり、なかには心理の専門家によるものもある。ここでは、規律を守り、原則に基づき、市場との戦いと自分との戦いに備えるということができなければ、長期的な成功は難しいということだけ言えるだろう。

残念ながら、これは本書のテーマではないが、トレード心理に関するさまざまな本を読むことは勧めたい。お勧めの本やビデオはここ（https://enjoytherideworld.odoo.com/）で紹介している。

トレードで成功するための三つのこと

①トレードのトリガーを教えてくれる売買エンジンが必要　これはいつ買うのかやいつ売るのかと、どこに損切り注文や利食いの注文を置くのかを教えてくれる。エンジンは行動すべきことを教えてくれる。考えるのをやめて、ナイキの昔の広告のように「ジャスト・ドゥ・イット（Just do it）」（ただやれ）ということだ。

②イクスポージャーを決める　成功するためにはポートフォリオで保有する資産を選び、できるだけ分散し、必要なときはヘッジし、ポジシ

ョンサイズを調整することが極めて重要になる。これらのことがうまくできなければ、結果は出ない。本書ではこのことについて書いていく。

③短期でも長期でも、トレードする前に精神的な準備を調えておく　本書では、どのようなトレードでもポジションを保有する期間は関係ない。もしトレード心理が冷静な状態になければ、①と②もうまくいかない可能性が高い。私はこの③がトレードの成功において最も重要だと考えている。

第2章

戦略とシステム

私が知っているトレーダーの多くは、自分の「システム」について語ったり、私がどのような「システム」を使っているのか知りたがったりする。私は、システムと言うと、コンピューターや数学や公式をイメージする。もちろん、コンピューターや数学はトレードの役に立つが、私はこれがトレードの成功において必須だとは思わない。実際、自動化を最小限にとどめて成功しているトレーダーをたくさん知っている。ちなみに、トレードの過程の一部や全部を自動化して成功しているトレーダーも、私を含めてたくさんいる。

つまり、本当に知りたいのは「システム」ではなく、「戦略」だ。そして、売買エンジンやポジションとポートフォリオの管理やトレード心理は、どれも「あなたの戦略」の一部なのである。これらはまったく自動化されていないこともあれば、部分的か、あるいはすべて自動化されていることもあるが、いずれにしても成功するために必要な材料がすべてそろっていなければならない。

戦略は自分に合うものでなければならない

私は毎日のようにトレーダーたちから「トム・バッソはこれやあれをどうしているのか」「自分はどのようにトレードすべきか」などといった質問を受ける。しかし、私は他人が私と同じようにトレードしても意味がないと思っている。本書の読者も一人ひとり違う。トレード資金の額も、持っているスキルも、人生でトレード戦略構築に費やせる時間も、一日のなかでトレードで成功するために使える時間も違う。また、トレードを助けてくれる人がいるかどうかや、コンピューターのスキルがあるかどうか、数学が得意かどうかも違う。一日のなかで時間の融通が利く人もいれば、平日はほとんど時間が取れない人もいるし、大きなリスクを許容できる人もいれば、ほとんどリスクを許容できない人もいる。

これらのことについて彼らは、私自身の状況とは違う。私はこれまでずっと資金運用をしてきたし、引退してからもいくつかの口座を運用している。一日のかなりの時間を柔軟に使え、数学や統計やコンピューターや市場についてはかなりの知識がある。また、リスクを理解して、自分が許容できるリスクと許容できないリスクが分かっている。しかし、私にぴったりの戦略をあなたが使っても意味がない。あなたと私は違うし、トレードする状況も違うため、だれがやってもうまくいかない可能性が高い。あなたが成功するために必要なのは、あなたにとってうまくいく戦略なのである。

コンピューターとトレード

まず、コンピューターができることと、コンピューターができないことを見ていこう。コンピューターは、プログラムがなければ簡単な足し算すらできない。はっきり言って、かなり無能だ。しかし、繰り返し行うタスク（例えば、価格データからボラティリティを計算する）では、コンピューターがあれば、同じ計算を飽きるほど何度も繰り返さずにすむため、大いに助かる。

最近では、メディアでアルゴリズムトレードやそれが市場に与える影響について頻繁に取り上げられている。私にとって、アルゴリズムトレードは良くも悪くもない。この問題は、単純にトレーダーがコンピューターを使って素早く判断を下し、注文を出し、ボラティリティを計算し、もちろんポジションサイズも計算するということが至るところで行われた結果にすぎない。人は十分な時間があれば複雑な計算もできるが、同じことをコンピューターがずっと速く行って、その分トレーダーの時間が増えるならば、自分でしなくてもよいと私は思っている。

もしあなたがコンピューターを使わないか、コンピューターを理解できないか、コンピューターを理解したくないならば、コンピューターを使わない戦略を作ればよい。本書では、ポジションサイズを電卓で簡単に計算できる方法も紹介している。トレードを必要以上に難しくすることはあなたのためにならない。

第3章

ポジションサイズを管理する理由

本書のサブタイトルには、「理由と方法」という言葉がある。ただ、新人トレーダーはこの「理由」の部分が分かっていないように思う。彼らには、どこで買ってどこで売るかということが金持ちになるための秘訣に見えているからだ。つまり、売買エンジンという聖杯さえ見つければ、黙っていても百万長者への道は開けると誤解している。

しかし、トレードには破綻のリスクという厄介な概念がある。続けて損失を被ってトレード口座の資金が大幅に減ると、トレードというゲームをあきらめざるを得なくなるのだ。次のトレードを仕掛けることができなくなり、そうなればもうトレーダーとは言えない。

ほかにも、自分のトレード戦略を続ける規律という課題がある。前にトレードの精神面についてはほかの本を参照するよう書いたが、もしポジションサイズが適切でないと、その影響で規律を守れなくなる。ポジションサイズが大きすぎると、トレード口座の残高が急激に上下したときに、より興奮したり、イライラしたり、感情的になったり、消耗したりすることは、私自身も経験している。その一方で、ポジションサイズが小さすぎると、関心が薄くなったり、退屈したり、雑になったり、リターンが低くなったりする。

トレードの利益は、売値と買値の差をポジションサイズで掛けた金額になる。式の前半（売値と買値の差）ばかり注目して、後半（ポジションサイズ）を無視するのはまったく意味がない。

第4章

仕掛けポジションのリスクを管理する

私は、ジャック・シュワッガーのベストセラーである『**マーケットの魔術師――米トップトレーダーが語る成功の秘訣**』（パンローリング）を読んで初めてリスク管理について考え始めた。ミント・インベストメント・マネジメント・カンパニーの伝説のトレーダーだったラリー・ハイトの章に「ミントの目的は、最大のリターン率を達成することではない。彼の理念は、極めて厳格なリスク管理によって最高の成長率を維持すること」だと書かれており、インタビューの後半ではハイトの「ミントにおける第一のルールは、どのようなトレードでも資金総額の一％を超えるリスクをとらないこと。リスクがわずか一％ならば、個々のトレードに気をとられないですむ。リスクを常に小さくしておくことは極めて重要なこと」だという言葉も紹介されていた。この言葉を読んで、私のなかでリスクと資金を合わせた考えが具体化し、すぐに本章後半で紹介する公式が頭に浮かんだ。

適切なポジションサイズの最初のステップはリスク管理とも言える。一つのポジションのリスクが大きいほど、多くの資金をリスクにさらすことになり、資金を失って破綻する可能性が高くなる。そこで、どのようなリスクをとり、それをどうすれば適切なポジションサイズを知ることができるのかということが、サブタイトルの「方法」の部分となる。

トレード戦略には、仕掛けのポイントと損切りのポイントがある。損切りを、ストップロスとか、最初のストップとか、転換点などと呼ぶ人もいる。どんな名前で呼ぼうと、これは仕掛けたトレードを清算するところになる。ポジションを仕掛ける価格と、その時点で損切りを置く価格の差額が、トレード対象資産の一単位のリスクとなる。そして、その資産を何単位売ったり買ったりするかによって、そのトレードのリスク額が決まる。

自分のリスク許容量に合わせて損切りを置く

私はこれまで、多くのトレーダーが市場の動きに関係なく、自分の許容できるリスクに合わせて損切りを置くのを見てきた。私は個人的に、価格とはたくさんのトレーダーがそれぞれの関心に応じてトレードすることで生じる買い圧力や売り圧力によって上げたり下げたりするものだと思っている（読者の考えは違うかもしれない）。価格は需要と供給をバランスさせるために、上がったり下がったりしている。価格がある程度安くなると買い手の関心が高まり、ある程度高くなると売り手はポジションを手放すことを考え始める。これが、各市場の参加者の行動によって決まる高値から安値までの理論的なレンジ（値幅）なのである。

トレーダーが、許容できるリスクに合わせて損切りを設定すると、自分のリスク許容量を市場の通常の動きよりも優先することになる。しかし、私はこれは逆だと思う。市場はあなたのリスク許容量などまったく知らないし、あなたがどのようなトレードをしても、いつもどおりに上下動をする。そう考えると、損切りはまず通常の市場の動きと、仕掛けようとしているトレードについて売買エンジンが示す理論的な損切りポイントを見て、そのトレード資産を何単位仕掛ければ自分のリスク許容範囲のトレードになるかを計算するのが理にかなっているのではないだろうか。

どれだけ買うのか、または売るのか

ここからが本題だ。自分の売買エンジンを使って損切りの位置を決め、トレード資産の一単位のリスクも分かった。ここでは便宜上ドルで話を進めていくが、どの通貨でも考え方は同じだし、先物や株などさまざまな投資対象に応用できる。

次に、仕掛ける単位を次ページの簡単な公式で計算する。

ポジションサイズ（リスク）＝（資金額×そのポジションに配分するポートフォリオのリスク割合）÷トレードのリスク額

私はこの答えの小数点以下を切り捨てた単位でトレードしている（二分の一枚や〇・七五株ではトレードできない）。目ざとい人ならば、この公式にポートフォリオリスクの割合（％）とあったことに気づいたと思う。これについては次に説明する。

一つのポジションへのリスク配分はトレーダーが決める。もしポートフォリオのリスクの大きな割合を一つのポジションに配分していれば、大きく逆行してポートフォリオに大きな損失を与える可能性がある。しかし、もしポートフォリオリスクの極めて小さい割合しか配分しなければ、そのポジションがポートフォリオのリターンに意味のある影響を及ぼす可能性は低い。つまり、それぞれのポジションについて、ある程度意味がある大きさでもポートフォリオの健全性を脅かさないくらいの金額を見つけなければならない。

私は物事をできるだけ単純に考えるようにしている。そうすると、人生も楽になる。これから、いくつかのレベルに分けて説明する。もしまったくの新人トレーダーならば、トレード口座の〇・五%以下から始めてほしい。次のトレードを探して正しく注文を出すだけでもストレスと興奮を十分味わうはずだから、そこに大金を儲けたり失ったりする興奮まで付け加えることはない。

ある程度のトレード経験のあるトレーダーや中長期型のトレーダーならば、一つのポジションについてポートフォリオの一%前後のリスクでよいのかもしれない。そうすれば、大きなドローダウンに見舞われることなく、いずれ素晴らしいポジションを手にすることができるだろう。

ある程度のリスク許容量と、規律とたくさんの経験と感情の大きなスイングを覚悟できている人に限っては、二%近いリスクをとってもよいのかもしれない。ただしこれをすると、もしポートフォリオに二〇のポジションがあり、そのすべてが損切りに達したら、四〇%のドローダウンに陥ることになる。これに耐えられる人はあまりいないと思う。

物事を単純にしておくために、ここでは一つのポジションに一%のリ

資金＝10万ドル
1ポジション当たりのリスク配分＝1％
XYZ株の買値＝20.50ドル、損切り＝19.05ドル
1枚当たりのリスク額＝20.50－19.05＝1.45ドル
リスクに基づいたポジションサイズ＝（10万ドル×1％）÷1.45ドル＝689.66株、小数点以下切り捨てて689株

スクを配分することで話を進めていく。これが非常に単純な方法だということは、次の例を見れば分かる。

コンピューターを介してのトレードができなかった時代には、八九株などといった端数のトレードは考えられなかったが、今日では手数料もスプレッドも小さくなり、端数でも気にせずにトレードできるようになった。

次は先物の例で計算してみよう。

株式でリスク配分を変えたシミュレーション

表1は、二〇銘柄を一〇〇株ずつ買うのを基本のケースとして、二〇のポジションに同じ金額を配分するケースと、リスク配分を少しずつ積極的にしていったケースを比較している。この例で使った二〇銘柄は、それぞれ時価総額が一億ドル規模で、一日の出

資金＝10万ドル
１ポジション当たりのリスク配分＝１％
金先物３月限の買値＝1275ドル、損切り＝1267.50ドル
単位当たりのリスク額＝1275ドル－1267.50ドル
１枚当たりのリスク額＝7.50ドル×100（取引倍率）
＝750ドル
リスクに基づいたポジションサイズ＝（10万ドル×１％）÷750ドル＝1.33枚、小数点以下を切り捨てて１枚

来高は五〇万株以上、売買代金は一〇〇〇万ドル以上の株とした。このなかには、シミュレーションの期間中に倒産した会社の株が含まれている可能性がある。ここでは、プレミアム・データ社のノーゲートのデータ情報を使っている。ポートフォリオに占める一つのポジションの割合の上限は、均等に配分したときの五％の二倍である一〇％までとした。こうすれば、利益が乗っていたり、リスクが極端に低いときには、ポジションサイズをある程度大きくする（増し玉する）ことができる。

また、ここでは売買エンジンとしてケルトナーバンド（四二日指数平滑移動平均線の二・〇倍）の売買シグナルを使っているが、ほかのトレンドフォローモデルを使っても似たような結果を得ることができるだろう。ケルトナーバンド・エンジンは私のウェブサイトのなかのエクセル用トレードツー

最大ドローダウン（%）	最長ドローダウン（月）	MARレシオ	修正シャープレシオ
-47.1%	64.2	0.16	0.57
-41.4%	40.3	0.23	0.65
-41.3%	**37.3**	**0.23**	**0.65**
-47.5%	37.4	0.23	0.66
-53.1%	37.5	0.23	0.66
-58.3%	37.7	0.24	0.66
-63.1%	39.3	0.24	0.66
-67.5%	57.2	0.24	0.66

ル（https://enjoytheride.flickrocket.com/us/ETR-Trading-Tools-For-Excel-Package/p/123629）のなかに含まれており、これがあると本書の説明がより分かりやすくなるかもしれない。ケルトナーの公式は公開されており、インターネットでも簡単に探すことができる。シグナルは、上のバンドを上抜けば買い、下のバンドを下抜けば売る。本書で紹介した株の例は、さまざまなポジションサイズの効果が比較できるように、すべてこの単純なトレンドフォローエンジンとセットアップを使っている。

シミュレーションは資金一〇万ドルで始めている。多くの人がもっと少ない金額でトレードを始めることは十分分かっているし、それよりも多い人もいるかもしれない。ただ、資金が少ないと、このアルゴリズム

表1　株式でリスク配分を変えたシミュレーション

配分方法	運用開始（単位=1000ドル）	運用終了（単位=1000ドル）	年平均リターン（%）
基本のケース100株	$100.0	$233.5	+7.42%
資金の５％	$100.0	$290.4	+9.41%
リスク0.5％＊	**$100.0**	**$288.3**	**+9.34%**
リスク0.6％	$100.0	$342.8	+10.95%
リスク0.7％	$100.0	$401.7	+12.45%
リスク0.8％	$100.0	$465.5	+13.85%
リスク0.9％	$100.0	$528.3	+15.07%
リスク1.0％	$100.0	$588.4	+16.13%

を使ったときにポジションサイズがゼロになってしまうことがあり、それではこの戦略の効果が分からない。ポートフォリオの額がある程度大きいほうが、ポジションサイズのアルゴリズムも効果的に働く。ただ、株ならば一〇万ドル、先物ならば五〇万ドルを超えた辺りからは、ポジションサイズ戦略の追加的な効果はあまり見られなくなる。

株式でリスク配分を変えたシミュレーション分析

まずは基本のケースを見ていくが、これは実際のトレードにはとても使えない。株数を一〇〇株に固定すると、株価が高い銘柄のポジションはポートフォリオ内の割合が大きくなりすぎる。ここでは、各ポジションを資金の一〇％までで、ポートフォリオのポジションは二〇銘柄までとしているが、それでも一貫性に欠け、リターン・リスク比は低く、四七・一％のドローダウンは経験豊富なトレーダーにとっても怖い。

次は、各ポジションを資金の五％までとしてシミュレーションを行った。結果は基本のケースよりも若干改善していた。少なくとも最初はポートフォリオの一定割合（五％）のポジションになっており、たいていは二〇のポジションで分散できていた。リターンは基本のケースの七・四二％から九・四一％に上がり、ドローダウンは同じ程度だった。MARレシオと修正シャープレシオが改善したのは、リターン・リスク比が改善したことを示している。さらには、最大ドローダウンと最長ドローダウンも改善していた。これが非常に堅固なポジションサイズ戦略だとは言わないが、基本のケースよりは良い。

それ以外のケースでは、仕掛けのリスク配分を〇・五％から一％の範囲で変えているが、予想どおりリスク配分が低ければリターンも低くなり、リスク配分が高ければ全体のリターンも高くなった。しかし、それ以外の項目を見てほしい。リスク配分が〇・五％の行に＊印を付けたのは理由がある。このケースで、リターンは基本のケースよりも高く、最大ドローダウンは小さく、最長ドローダウンは短く、リターン・リスク比も改善したのだ。つまり、新しいポジションのリスク配分を〇・五％にすると、リターンは改善し、心理的にもこの戦略を続けやすくなる。

先物でリスク配分を変えたシミュレーション

表2は、先物を一枚ずつトレードした場合を基本のケースとして、リスク配分を変えたケースと比較している。今回のポートフォリオは、私が執筆時点でトレードしている一九の先物銘柄で構成されており、このなかには畜産、穀物、債券、通貨、貴金属、ソフトコモディティなどが

最大ドローダウン（%）	最長ドローダウン（月）	MARレシオ	修正シャープレシオ
-14.6%	83.8	0.19	0.47
-11.7%	25.8	0.28	0.60
-13.8%	**20.5**	**0.32**	**0.62**
-18.1%	21.1	0.28	0.56
-20.8%	66.2	0.28	0.54
-23.2%	52.3	0.29	0.55
-25.6%	52.3	0.30	0.56
-29.1%	73.6	0.27	0.52

含まれている。シミュレーションにはCSI（コモディティ・システムズ・インク）の先物データを使っている。また、証拠金比率は、制限なくトレードするため、ほぼ一〇〇％にしてある。

売買エンジンは、私が長年使っているレンジブレイクアウト戦略を使った。これは単純なトレンドフォローモデルで特別なものではないため、ほかのトレンドフォロー系のレンジブレイクアウトモデルでも似たような結果になると思う。レンジの上限を上抜いたら買い、下限を下抜いたら売りのシグナルが出る。本書で紹介した先物の例は、さまざまなポジションサイズの効果が比較できるように、すべてこの単純なトレンドフォローエンジンとセットアップを使っている。

シミュレーションは、資金五〇万ドルから始めてい

表2　先物でリスク配分を変えたシミュレーション

配分方法	運用開始（単位=1000ドル）	運用終了（単位=1000ドル）	年平均リターン（%）
基本のケース１枚	$500.0	$686.6	+2.78%
リスク0.4%	$500.0	$731.4	+3.31%
リスク0.5% *	**$500.0**	**$828.3**	**+4.41%**
リスク0.6%	$500.0	$900.1	+5.15%
リスク0.7%	$500.0	$977.3	+5.90%
リスク0.8%	$500.0	$1081.3	+6.82%
リスク0.9%	$500.0	$1193.9	+7.73%
リスク1.0%	$500.0	$1215.5	+7.89%

る。多くの人がもっと少ない金額でトレードを始めることは十分分かっている。ただ、株のシミュレーションのところで書いたとおり、資金が小さいとポジションサイズを計算してもゼロになってしまうことがあり、それではこの戦略の効果が分からない。ポートフォリオの額はある程度大きいほうが、ポジションサイズのアルゴリズムも効果的に働く。先物の場合は、この例のように資金が五〇万ドルあると、ポジションサイズを変えた効果をはっきりと見ることができる。

先物でリスク配分を変えたシミュレーション分析

最初の行の基本のケースから見ていくが、これは実際のトレードにはとても使えない。すべてのポジションを一枚にすると、価格が高い商品はポートフォリオ内の割合が大きくなりすぎ、価格が安い商品は効果が限定的になる。さらに、年数を重ねて資金が増えても、その効果が得られない。

この非常に単純な売買エンジンは、過去に一九の銘柄で一六三八回トレードシグナルを出し、その勝率は三八・六％だった。勝ちトレードの平均利益は〇・三九％、負けトレードの平均損失は〇・二二％だった。過去のパフォーマンスを見ると、二〇〇九～二〇一五年は不調で、そのあと素晴らしく成長し、二〇一九年までの一年半は横ばいが多くなっている。今回のシミュレーションの結果はぱっとせず、リターン・リスク比は低く、最大ドローダウンはマイナス一四・六％、最長ドローダウンは八三・八カ月だった。七年弱ドローダウンが続いても戦略を続けようというトレーダーがいるとは思えない。

それ以外のケースでは、最初のリスク配分を〇・四％から一％まで変えているが、予想どおりリスク配分が低ければリターンも低くなり、リスク配分が高ければ全体のリターンも高くなった。しかし、それ以外の項目も重要だ。リスク配分が大きくなると、リスク調整済みリターンが上がったあと下がり始める。リスク配分が大きくなると、ドローダウンは大きく、期間も長くなっていくからだ。私が最善だと思うケースに＊印を付けてある。これが長期的に最も戦略を続けやすいと思うからだ。この期間のポートフォリオ全体のリターンはさえないが、ドローダウンは許容範囲で、リターン・リスク比もまあまあと言える。

第5章

仕掛けたポジションのボラティリティを管理する

第4章では、資金に対するリスク配分の割合を変えてポジションサイズを決めた。私は一九八七年に個人としてトレードを行うなかで、ポジションサイズを決めるもう一つのツールを得た。それがボラティリティである。当時、私は約一三万ドルのトレード口座で銀先物を数枚買っていた。幸い銀は高騰し、それから2～3週間で資金が一三万ドルから五〇万ドルに増えた。私は一～二時間ごとにブローカーに電話を掛け、仕事には集中できないし、夜は眠ることもできなくなった。このトレードに感情移入してしまったのだ。そうなると、もう「ポートフォリオ」の管理はできず、銀のポジションといくつかの取るに足りないトレードしか見ていなかった。しばらくすると、銀市場は下がり始め、私は含み益のほとんどを失い、ポートフォリオの資産価値は二五万ドルになったが、破綻を免れたのは幸運だと感じた。

この実体験から学んだことがある。私はずっとトレンドフォロワーで、「損切りは早く、利を伸ばせ」というお題目をずっと守ってきた。トレードを始めたばかりのころは、早めに利食うことや利益目標を立てることが理解できなかった。トレンドフォローの目的は、ポジションを建てて、あとはそれに乗ることだと思っていたからだ。あるとき、私は新人トレーダーが有名なエド・スィコータにこう質問するのを聞いた。「新しいトレードを仕掛けるとき、どのような価格目標を設定しますか」。このときのスィコータの答えを思い出すと、今でも笑いがこみ上げてくる。「私がトレードを仕掛ける目的は、月まででも乗り続けることだよ。まだできていないが、いつかそうできればと常に思っているよ」。これは昔からあるトレーダーの格言「損切りは早く、利を伸ばせ」で、私はそれに文字どおりに従っていた。しかし、あの銀先物トレードで私は大きく動揺し、自分のポジションサイズについて考え始めた。

問題はポジションのリスクではない。私は明確な位置に損切り注文を置き、自分がとりたいリスクに応じた枚数をトレードしていた。しかし、トレードしていた市場のボラティリティについてはまったく考えていなかった。ボラティリティは価格が順行すればポートフォリオを大いに助けてくれるが、逆行すれば断腸の苦しみを味わうかもしれない。ボラティリティは価格の動きであり、その動きが速く大きくなるほど心理的な打撃が大きくなって、戦術をやめたくなる。反対に、価格の動きが緩やかなほど、トレードを続けて市場から利益を取り込むことができる可能性は高くなる。

ポジションのボラティリティの簡単な計算方法

最初に思い浮かぶ質問は、どうすればボラティリティを簡単に測定することができるかということだ。ボラティリティを測定するのに幅広く使われている方法が二つある。オプションのインプライドボラティリティを使う方法と、価格を使ったATR（真の値幅の平均。アベレージトゥルーレンジ）である。オプションを使った計算は価格を使うよりも難

1日の真の値幅＝最高値（前日の終値と今日の高値の高いほう）－最安値（前日の終値と今日の安値の安いほう）

しいため、私は単純なATRを使っている。ちなみに、私は株式とETF（上場投信）と先物をトレードしているが、投資対象すべてに使える方法が私にとっては理にかなっている。

まずは、真の値幅（トゥルーレンジ）を理解しておこう。金融商品の真の値幅は、ある期間で最大の値幅である。ここでは話を単純にするため日足データを使って説明するが、分足でも月足でも同じように機能する。

価格には終値があり、その終値の価格は翌日の始値で変わらないこともあれば、上がったり下がったりすることもある。そして、日中は変動を繰り返し、その日の終値を付ける。この二四時間の間に付けた最も高い価格と最も安い価格がそれぞれレンジの最高値と最安値になる。この高値から安値を引いたレンジがこの日の真の値幅である。

スプレッドシートや電卓で計算するときの公式は、上のようになる。

次に、真の値幅を平均する必要がある。価格は大きく変動する日もあ

指数平均係数＝2÷（足の数＋1）

ATRは次のように算出する。

ATR（21日）＝前日のATR＋（指数平均係数×今日の真の値幅）

れば、ほとんど動かない日もあるからだ。私はほとんどの指標で二一日（一カ月のおおよその取引日）を使っているが、別の日数でもかまわない。デイトレーダーならば五分足で一二本の平均をとってもよいし、週足でトレードしているならば一〇本（一〇週）のATRを使ってもよい。ここで大事なのは、自分のトレード戦略（私のではなく）に合ったATRを選ぶことである。また、私は平均には計算しやすいEMA（指数平滑移動平均線）を使っているが、ほかの方法を使っても同じような結果を得ることができる。繰り返しになるが、私は計算やトレードがしやすい方法を選んでいる。

ボラティリティを使って仕掛けるポジションサイズを決める

ポジションサイズ（ボラティリティ）＝（トレード口座の資金額×１トレード当たりのボラティリティ配分割合）÷仕掛けようとしている資産のATR（ドル）

これで、トレード対象のボラティリティを簡単に計算できるようになった。次は、これを使ってポジションサイズを決める簡単な方法を見ていこう。ボラティリティが大きすぎるとストレスが高くなったり、感情的になったりするが、小さすぎるとリターンが低いし、退屈になることは分かっている。それならば、ボラティリティを使って自分のトレードに合うポジションサイズを簡単に決めるには、どうすればよいのだろうか。

第４章で資金の割合に応じてリスクをとったように、ボラティリティも上の公式を使って資金の割合で配分することができる。

ここでもリスク配分と同様に、出た答えの小数点以下はトレードできないため切り捨てる。繰り返しになるが、一つのポジションのボラティリティがポートフォリオ全体のどれくらいの割合に当たるかを考える必要がある。

一つのポジションに対するボラティリティ配分も、やはり個人的な判

【株の場合】
資金＝10万ドル
1ポジション当たりのリスク配分＝0.75％
XYZ株の1枚当たりのボラティリティ（ATRは21日）＝0.85ドル
ボラティリティによるポジションサイズ＝（10万ドル×0.75％）÷0.85ドル＝882.35株、小数点以下を切り捨てて882株

断になる。ポジションのボラティリティ配分が高いほど、損益も高くなる。ただ、一つのポジションに配分する割合が大きすぎれば破綻のリスクが大きくなるし、規律や精神面を試されることになる。一方、配分が小さすぎればリターンが低くなり、ポートフォリオは安定するが退屈になる。そこで、ボラティリティが高すぎもせず、低すぎもしないスイートスポットを見つける必要がある。ただ、長期的に見るとボラティリティは常に変化していき、それに合わせてポジションとポートフォリオを安定させていくためには、ポジションの数も変わっていく。

単純なことは良いことだ。リスクのときと同様に、ボラティリティについてもいくつかの段階で考えてみたい。もしトレードを始めたばかりの人ならば、一つのポジションに配分するのはポートフォリオのボラティリティの〇・五％を超えないようにすべきだろう。そうすれば、トレードを学ぶ過程でたくさん

【先物の場合】
資金＝10万ドル
1ポジション当たりのリスク配分＝0.75％
金先物3月限の単位当たりのボラティリティ（ATRは21日）＝3.60ドル
ボラティリティ＝3.60ドル÷1枚×100ドル（取引倍率）＝360ドル
ボラティリティによるポジションサイズ＝（10万ドル×0.75％）÷360ドル＝2.08枚、小数点以下を切り捨てて2枚

の慣れないことに対処しなければならないなかで、ポジションに対するストレスだけでも低く抑えることができる。

ある程度のトレード経験のあるトレーダーや中長期型のトレーダーならば、一つのポジションをポートフォリオのボラティリティの〇・七五％程度にしておくべきだろう。そうすれば、それなりのポジションで大きなドローダウンを避けながら価格変動にも耐えることができる。

一日の大きな上下動に耐えることができ、規律と豊富な経験がある人に限っては、一～二％の配分もある。ただ、ポートフォリオに二〇のポジションがあり、それぞれに一％のボラティリティを配分したときに、それらの市場がすべて「通常」の日のATRの分、同じ方向に動いたら、ポートフォリオは一日で二〇％動くことになる。

最大ドローダウン（%）	最長ドローダウン（月）	MARレシオ	修正シャープレシオ
-47.1%	64.2	0.16	0.57
-41.4%	40.3	0.23	0.65
-38.0%	39.1	0.27	0.71
-43.6%	**37.8**	**0.27**	**0.70**
-48.5%	37.8	0.27	0.69
-52.9%	37.8	0.27	0.69
-56.4%	37.9	0.26	0.68
-59.0%	39.1	0.64	0.68

これは順行なら素晴らしいが、逆行ならばかなりストレスのかかる日になるだろう。とはいえ、ポートフォリオがうまく分散できていれば、すべてが順行したりすべてが逆行したりすることはあまりない。そのため、実際にはすべてのボラティリティを合算した理論的なドローダウンまでにはならないことが多い。

さらには、ATRも平均値でしかないことは覚えておくべきだろう。つまり、真の値幅が平均をはるかに超えることはいつでも起こり得る。事前にボラティリティが高い日のことも考慮し、自分は市場がどこまで動いたら頭がまひし、規律を失い、感情的になるなどしてトレードができない状態になるのかを自問しておいてほしい。そうすれば、仕掛けの配分を十分低く設定することで、息をつく余地ができる。

表3　株式でボラティリティ配分を変えたシミュレーション

配分方法	運用開始（単位=1000ドル）	運用終了（単位=1000ドル）	年平均リターン（%）
基本のケース100株	$100.0	$233.5	+7.42%
資金の５％	$100.0	$290.4	+9.41%
ボラティリティ0.5％	$100.0	$320.3	+10.32%
ボラティリティ0.6％＊	**$100.0**	**$373.9**	**+11.77%**
ボラティリティ0.7％	$100.0	$428.1	+13.05%
ボラティリティ0.8％	$100.0	$479.4	+14.14%
ボラティリティ0.9％	$100.0	$514.8	+14.82%
ボラティリティ1.0％	$100.0	$541.0	+15.30%

話を単純にするために、ここでは一つのポジション当たりのボラティリティ配分を〇・七五％としておく。上の理論的な例を見れば、どれほど単純かが分かると思う。

株式でボラティリティ配分を変えたシミュレーション

表3もリスクのときと同様に、二〇銘柄を一〇〇株ずつ買う場合を基本のケースとし、二〇のポジションに同じ金額を配分するケースとボラティリティ配分を少しずつ積極的にしていったケースを比較している。今回も、リスク配分のときと同じ銘柄を同じケルトナーバンドの売買エンジンでシミュレーションしている。ま

た、今回もポートフォリオに占める一つのポジションの割合を、最初に均等に配分したときの五%の二倍である一〇%までとした。こうすれば、利益が乗っていたり、リスクが極端に低いときには、ポジションサイズをある程度大きくする（増し玉する）ことができる。

株式でボラティリティ配分を変えたシミュレーション分析

今回も基本のケースから始めよう。リスク配分のときと同様に、これは実際のトレードにはとても使えない。株数を一〇〇株に限定すると、価格が高い株のポジションがポートフォリオのなかで大きくなりすぎてしまう。ちなみに、五%配分したケースと基本のケースは、すべてリスク配分のときと同じになっている。

残りのケースは、ボラティリティ配分を〇・四%～一・六%で仕掛けて運用した。結果は予想どおり配分率が低いとリターンも低くなり、配分率が高いとリターンも高くなったが、ほかの基準も見ていく必要がある。

〇・六％のケースに＊印を付けたのは、リターンと、リターン・リスク比が高く、最長ドローダウンが短かったからだ。また、最大ドローダウンも基本のケースより改善し、五％配分したケースよりも若干高いだけで、ほとんどの項目が改善している。ボラティリティ配分が高くなると、ドローダウンは悪化し、リターン・リスク比はいったん上がってから下がり始める。

先物でボラティリティ配分を変えたシミュレーション

表4も、先物を一枚ずつトレードした場合を基本のケースとしている。売買エンジンや最初の資金額の五〇万ドルも含めてリスク配分のときと

最大ドローダウン（%）	最長ドローダウン（月）	MARレシオ	修正シャープレシオ
-14.6%	83.8	0.19	0.47
-17.3%	95.3	0.27	0.49
-23.9%	**77.4**	**0.31**	**0.57**
-28.3%	95.2	0.29	0.54
-32.5%	94.8	0.24	0.47
-37.7%	95.3	0.27	0.52
-41.5%	94.7	0.26	0.50
-50.7%	95.3	0.21	0.47

まったく同じになっている。

先物でボラティリティ配分を変えたシミュレーション分析

基本のケースはリスク配分のときとまったく同じで、残りのケースは一九の銘柄でボラティリティ配分を〇・四〜一・〇％に変えていった。トレードを仕掛けたあと、ポジションの価値は上下し、最終的に利益が出たものもあれば、損失で終わったものもある。今回は〇・五％の配分に＊印を付けた。この**表4**ならば、これを選ぶと思うからだ。このケースはリターンが基本のケースよりも高く、ドローダウンはわずか二三・九％で、リターン・

表４　先物でボラティリティ配分を変えたシミュレーション

配分方法	運用開始 (単位=1000ドル)	運用終了 (単位=1000ドル)	年平均リターン (%)
基本のケース１枚	$500.0	$686.6	+2.78%
ボラティリティ0.4%	$500.0	$860.1	+4.75%
ボラティリティ0.5% *	**$500.0**	**$1154.6**	**+7.42%**
ボラティリティ0.6%	$500.0	$1258.5	+8.21%
ボラティリティ0.7%	$500.0	$1216.0	+7.89%
ボラティリティ0.8%	$500.0	$1525.4	+10.01%
ボラティリティ0.9%	$500.0	$1655.3	+10.78%
ボラティリティ1.0%	$500.0	$1602.6	+10.47%

リスク比も改善している。一方、ボラティリティ配分が高くなると、五〇%を超えるドローダウンに陥り、回復にも時間がかかり、リターン・リスク比も利益率も低くなる。このような高い配分にする意味はないということだ。

第6章

資金と証拠金を管理してポジションを仕掛ける

【株の場合】
資金10万ドル
１ポジション当たりの証拠金の配分＝５％
株価＝20.50ドル
株の評価額に基づいたポジションサイズ＝（10万ドル×５％）÷20.50ドル＝243.90株、小数点以下を切り捨てて243株

本書では、最初にリスクに基づいてポジションサイズを管理することについて書いた。次に、ボラティリティの簡単な測定方法とそれに基づいてポジションサイズを管理する方法について書いた。ただ、私がトレンドスタットで資産運用をしていたときに使っていたポジションの管理方法はほかにもある。それが、証拠金や評価額に基づく方法である。すでにほかの方法でポジションを管理しているのに、なぜ評価額や証拠金まで持ち出すのかとよく聞かれる。それは、証拠金が大きくなりすぎたり、一つのポジションに資金を使いすぎたりすると、ほかのトレードに使う資金が足りなくなってしまうからだ。ある市場が低迷してボラティリティもリスクも低くなると、ポジションサイズ用のアルゴリズムは資金の割合が大きいポジションサイズのトレードを推奨してくることがある。しかし、このポジションには多額の証拠金が必要になる。また、市場によっては突然

【先物の場合】
資金10万ドル
１ポジション当たりの証拠金の配分＝５％
金先物１枚の証拠金（取引所が変更する場合がある）＝3400ドル
証拠金に基づいたポジションサイズ=（10万ドル×５％）÷3400ドル=1.47枚、小数点以下を切り捨てて１枚

大きく動くため、取引所がそれに備えて証拠金を引き上げることもある。しかし、総資金に対してポジションが大きすぎるという理由でブローカーから追証の連絡が来るようなことは避けたい。

そこで、今度は総資金と証拠金や評価額を使ったポジションサイズと、その簡単な公式を紹介する。リスクやボラティリティに基づいた簡単な方法と同様に、今回も総資金と証拠金の割合に基づいてポジションサイズを計算していく。まずは一つのポジションに対して証拠金や評価額を総資金の最大五％に設定した例をいくつか見ていこう。

第7章

手法を組み合わせることは大いに意味がある

【株の場合】
資金＝10万ドル

XYZ株の買い値＝20.50ドル、損切りは19.05ドル＝1.45ドルのリスク
1％のリスク配分で仕掛ける場合＝689株

1ポジション当たりのリスク配分＝0.75％
XYZ株のボラティリティ（ATRは21日）＝0.85ドル
0.75％のボラティリティ配分で仕掛ける場合＝882株

資金に対する評価額の割合＝5％
5％の評価額の配分で仕掛ける場合＝243株

689株と882株と243株の最小値＝XYZ株を243株仕掛ける

ここまで、トレードを仕掛けるためのポジションサイズを決める単純な三つの異なる手法を見てきた。しかし、このうちのどれを使えばよいのだろうか。全部使うというのはどうだろうか。トレード戦略は、リスクやボラティリティや証拠金が高い変動の激しい銘柄で行うこともあれば、リスクやボラティリティや証拠金が低い退屈で静かな銘柄で行うこともある。自分の売買エンジンに合っていて、トレードする市場の条件や状況も合う仕掛けの適切なポジションサイズを決める方法があれば、正しいポジションサイズでトレードすることができる。

【先物の場合】
資金＝10万ドル

1％のリスク配分で仕掛ける場合＝1枚

0.75％のボラティリティ配分で仕掛ける場合＝2枚

証拠金の配分5％で仕掛ける場合＝1枚

1枚と2枚と1枚の最小値＝金先物を1枚仕掛ける

これまで紹介した例では、計算を分かりやすくするために、ずっとXYZ社の株や金先物を使ってきた。しかし、その結果、三つの異なる計算結果が出た。このうちのどれが正しいのだろうか。実は、どれも意味のある情報がかかわっている。リスクに基づいた計算は、損切りまでのリスクがどれくらい高いかという情報を用いている。ボラティリティに基づいた計算では、最近の値動きがどれくらい速いかという情報を用いている。そして、証拠金に基づいた計算は、その資産のリスクを取引所がどう考えているかという情報を用いている。どの情報にも価値があり、どれも結果を向上させる役に立つ。

そこで、私は三つを計算して、そのなかで最小のポジションサイズで仕掛けている。そうすれば、最もリスクが低いポジションサイズになる。仕掛けなかった二つは、その時点ではより積極的なポジションサイズだからだ。常に三つのうちの最小のポジションサイズで仕掛けることで、危険を避け、パフォーマンスが大きく変動しないようにできる。

では、ポジションサイズの三つの方法を組み合わせた例を見ておこう。

株式でリスクとボラティリティをさまざまに組み合わせた分析

残念ながら、私が使っているトレーディング・ブロックスのソフトウェアでは、株のポートフォリオでリスク配分とボラティリティ配分を変え、それを同時にシミュレーションをすることができない。ただ、このことについてはトレンドスタット時代にこれらのケースをカスタマイズしたソフトウェアで検証済みだということは強調しておきたい。私たちは、仕掛ける前にリスクとボラティリティを組み合わせてポジションサイズを決めることは、大きなメリットがあると考えている。そうすることでドローダウンを減らし、リターン・リスク比とリターンを改善することができる場合が多いからだ。

先物でリスク配分とボラティリティ配分をさまざまに組み合わせた分析

トレーディング・ブロックスのソフトウェアでは、リスクとボラティリティを組み合わせたポジションサイズのシミュレーションはできなかったが、先物については個人的な先物トレードのためにこれをカスタマイズして、組み合わせることができるようにしている。トレンドスタット時代のリサーチによってそのメリットは分かっていたからだ。そこで、私はトレーディング・ブロックスに有料でカスタマイズバージョンを作

開始時の資金はすべて50万ドル

最大ドローダウン（%）	最長ドローダウン（月）	MARレシオ	修正シャープレシオ
-14.6%	83.8	0.19	0.47
-13.8%	20.5	0.32	0.62
-23.9%	77.4	0.31	0.57
-13.0%	43.8	0.20	0.48
-13.1%	**20.5**	**0.34**	**0.63**
-17.6%	21.6	0.28	0.56
-19.8%	66.2	0.27	0.52
-21.8%	66.8	0.28	0.52
-24.3%	52.3	0.32	0.57
-27.7%	73.6	0.27	0.51

ってもらった。リスク配分とボラティリティ配分の割合を変えてシミュレーションした効果を見てほしい。

先物でリスク配分とボラティリティ配分をさまざまに組み合わせたシミュレーション分析

ここでも基本のケースはほかのシミュレーションと同じにし、残りは一九のポジションについてリスクとボラティリティの配分を〇・四から一・〇の範囲で変えてみた。トレードを仕掛けたあと、ポジションの価値は上下し、最終的に利益が出たものもあ

表5　先物でリスク配分とボラティリティ配分をさまざまに組み合わせたシミュレーション

リスク配分	ボラティリティ配分	終了時 (単位=1000ドル)	年平均リターン (%)
1枚	50万ドル	$686.6	+2.78%
最高のリスク配分	0.5%	$828.3	+4.41%
最高のボラティリティ配分	0.5%	$1154.6	+7.42%
リスク0.4%	ボラティリティ0.4%	$670.2	+2.54%
リスク0.5% *	**ボラティリティ0.5%**	**$832.5**	**+4.46%**
リスク0.6%	ボラティリティ0.6%	$875.7	+4.91%
リスク0.7%	ボラティリティ0.7%	$922.4	+5.38%
リスク0.8%	ボラティリティ0.8%	$999.7	+6.1%
リスク0.9%	ボラティリティ0.9%	$1203.0	+7.08%
リスク1.0%	ボラティリティ1.0%	$1160.3	+7.46%

れば、損失で終わったものもある。今回も、〇・五%の配分に＊印を付けた。この**表5**ならば、これを選ぶと思うからだ。このケースは、リターンが基本のケースよりも高く、ドローダウンは低めで、リターン・リスク比が最も高くなった（配分をもっと高くすればリターンも上がるが、ドローダウンも大きくなり、回復にも時間がかかって調整利益も下がるため、リターン・リスク比が悪化する）。配分を増やしていくと、ある時点で危険な水準になる。

第8章

ポートフォリオの資金の種類

第5章から第7章では、資金に対して管理したいこと（リスク、ボラティリティ、証拠金）に分けて書いてきた。ただ、資金が何を意味するかについてはまだ具体的に述べていない。バン・K・タープ博士の『デフィニティブ・ガイド・トゥ・ポジション・サイジング（Definitive Guide to Position Sizing）』には、トレーダーが用いることができるさまざまな資金について素晴らしい説明がなされている。ここでは資金について簡単に触れ、そのあと私が使っているものとその理由を紹介する。

コア資金は、新しく建てたポジションを損失に終わる前提で除外した資金で、リスクにさらしていない資金から、仕掛けようとしているトレードのリスクを引くと算出できる。これは、必ずトータル資本よりも少なくなる。資金のなかから新しいポジションの潜在リスクを除いたコア資金は資金の保守的なとらえ方で、それに基づくとポジションサイズは若干小さくなる。

換算トータル資本はコア資金と似ているが、コア資金に損切りを置くことで確定した利益を加えている。つまり、市場が順行して既存のポジションのリスクが下がると、次に仕掛けるポジションに使える「コア」資金が若干増える。これはコア資金よりは少し積極的だが、トータル資本ほどではない。

それではトータル資本とは何なのだろうか。これは、ブローカーの報告書に記載されている資金額である。私はポジションサイズの計算に、トータル資本を使うよう勧めている。理由は、これが手に入るなかで最も簡単かつ単純な方法で、ブローカーのプラットフォームに記載されている最新の金額を使うことができるからだ。このすべてが瞬時に分かり、手数料は無視できるほど安い時代において、トータル資本と清算資金（口座の資産をすべて売却してリスクがない状態）の差はほんのわずかになっている。そのうえ、トータル資本が先の三つのなかで最も積極的なとらえ方ではあるが、もっと保守的にしたければ、一ポジション当たりの配分を低くすればよい。この簡単な方法があるのに、コンピューターやさらなる計算を必要とする複雑な方法を選ぶ人たちがいることは理解に苦しむ。物事は常に単純にしておこう。

少額から始める

ポジションサイズについて世界中のトレーダーから最も多く寄せられる質問は、だいたいこんな感じだ。「トレード資金が五〇〇〇ドルしかなく、分散のために二〇の銘柄をトレードしているときに、リスク配分が一%とか、ボラティリティ配分が〇・七五%でポジションサイズを計算すると、先物ならば〇枚、株でも非常に少ない株数になってしまう。そのようなときはどうすればよいのでしょうか」。この質問に簡単な答えはなく、唯一の合理的な方法はどうにかしてトレード資金を増やすことしかない。私はこれまで数え切れないほど多くのフルタイムトレーダーになりたいという人たちに、今やっている仕事を辞めないことで、できるだけ速く資金を貯めていくよう伝えてきた。資産運用にとってはそれが一番だ。

もしそれが無理で少額の資金でトレードするしかないときは、ポジションサイズを妥協せざるを得ないことを自覚して、長期的に望ましいポジションサイズよりも大きいサイズでトレードするしかない。ただ、それでも短期的にある程度賭けに出なければならないような気持ちになるかもしれない。私は知識がないままそれをして、結果的にはうまくいった。ただし、これをすれば簡単に破綻して一から始めなくてはならない可能性もあったことを知っておくべきだろう。

株をトレードするときは、株価が安いものに注目するとよい。そのほうが適正な株数をトレードしながらポジションサイズを管理し、分散できて、経験を積むということがしやすくなる。

先物の場合は、それに加えて一枚の金額と証拠金にも注目するとよい。そして、最初はできるだけ少ない枚数でトレードしてほしい。参考までに、本書執筆時点のさまざまな取引所の証拠金を載せておく。ただ、証拠金は常に変動しているため、トレードするときは自分で確認する必要があるが、証拠金の額の相対的な順番はあまり変わらない。ここ（https://www.tradestation.com/pricing/futures-margin-requirements/）で、最近の情報を確認するようにしてほしい。

少ない資金で先物トレードをする場合に明らかにすべきことは、少額の商品を組み合わせて証拠金を低く抑えることである。それでもレバレッジを掛けすぎたことに変わりはないが、トレード経験を積んで学習曲線を進んでいくことはできる。

資金が少ないときにもう一つできることは、状況が許せば時間枠を短くすることである。私はこれまでさまざまな時間枠を見てきたなかで、長期トレードは単位当たりのリスクが高くなっていく傾向があることに気づいた。一方、短い時間枠のトレードは単位当たりのリスクが低めでポジションサイズに関する規律を守りやすく、それでも最低一枚か、ある程度の株数をトレードすることができる。トレード資金が増えていけば、短期から長期の時間枠に移行していけばよい。

表6　先物の証拠金（2021年8月1日現在）

銘柄	ティッカーシンボル	当初証拠金	維持証拠金	デイトレード用の証拠金制度（当初証拠金に対する比）
指数				
E-MINI S&P 500	ES	$12,100	$11,000	25%
E-MINI MIDCAP 400	EMD	$14,850	$13,500	なし
E-MINI NASDAQ 100	NQ	$17,600	$16,000	25%
MINI RUSSELL 2000 (CME)	RTY	$7,150	$6,500	25%
MINI DOW JONES ($5)	YM	$9,900	$9,000	25%
MICRO ES	MES	$1,210	$1,100	25%
MICRO NQ	MNQ	$1,760	$1,600	25%
MICRO RUSSELL	M2K	$715	$650	25%
MICRO YM	MYM	$990	$900	25%
NIKKEI ($ BASED) (CME)	NK	$8,800	$8,000	なし
VIX	VX	$11,000	$10,000	なし
MINI VOLATILITY INDEX	VXM	$1,100	$1,000	なし
CME BITCOIN FUTURES	BTC	$76,373	$69,430	なし
CME MICRO BITCOIN FUTURES	MBT	$1,529	$1,390	50%
BAKKT BITCOIN MONTHLY FUTURES CONTRACT	BTM	$14,465	$13,150	なし
CME ETHEREUM FUTURES	ETH	$50,897	$46,270	なし
ユーレックス				
DAX	FDAX	€30,210	€30,210	なし

銘柄	ティッカーシンボル	当初証拠金	維持証拠金	デイトレード用の証拠金制度（当初証拠金に対する比）
MINI-DAX	FDXM	€6,042	€6,042	なし
MICRO-DAX	FDXS	€1,208	€1,208	なし
DJ STOXX 50 INDEX	FESX	€2,990	€2,990	なし
MICRO-DJ EURO STOXX 50 INDEX FUTURES	FSXE	€299	€299	なし
DJ STOXX 600 BANKS	FSTB	€854	€854	なし
DJ STOXX 600 INDST G&S	FSTG	€3,508	€3,508	なし
EURO-SCHATZ	FGBS	€254	€254	なし
EURO-BOBL	FGBM	€970	€970	なし
EURO-BUND	FGBL	€2,399	€2,399	なし
EURO-OAT	FOAT	€2,199	€2,199	なし
EURO-BUXL	FGBX	€6,400	€6,400	なし
DJ STOXX 600 UTILITY	FSTU	€1,297	€1,297	なし
ユーロネクスト LIFFE				
FTSE 100 INDEX FUTURES	LZ	£3,582	£3,261	なし
THREE MONTH EURO (EURIBOR) INTEREST RATE FUTURES	LT2	€149	€135	なし
THREE MONTH STERLING (SHORT STERLING) INTEREST RATE FUTURES	LL	£204	£185	なし

銘柄	ティッカーシンボル	当初証拠金	維持証拠金	デイトレード用の証拠金制度（当初証拠金に対する比）
THREE MONTH EURO SWISS FRANC INTEREST RATE FUTURES	LF2	CHF 271	CHF 246	なし
LONG GILT FUTURES	LJ	£2,420	£2,200	なし
MEDIUM GILT FUTURES	H	£1,199	£1,090	なし
SHORT GILT FUTURES	G	£858	£780	なし
LONDON COCOA FUTURES	CC3	£1,749	£1,590	なし
LONDON ROBUSTA COFFEE FUTURES	RC	$957	$870	なし
通貨（CME）				
AUSTRALIAN DLR.	AD	$1,760	$1,600	50%
BRITISH POUND	BP	$2,365	$2,150	50%
CANADIAN DLR.	CD	$1,210	$1,100	50%
EURO CURRENCY	EC	$2,420	$2,200	50%
JAPANESE YEN	JY	$2,255	$2,050	50%
MEXICAN PESO	MP1	$1,540	$1,400	50%
NEW ZEALAND DLR.	NE1	$2,090	$1,900	50%
SWISS FRANC	SF	$3,630	$3,300	50%
DOLLAR INDEX (ICE)	DX	$2,090	$1,900	50%
MINI EURO	E7	$1,210	$1,100	50%
MINI YEN	J7	$1,128	$1,025	50%
E-MICRO AUD/USD	M6A	$176	$160	なし
E-MICRO GBP/USD	M6B	$237	$215	なし
E-MICRO EUR/USD	M6E	$242	$220	なし
金利（CBOT）				
30-YR T-BOND	US	$3,850	$3,500	50%

銘柄	ティッカーシンボル	当初証拠金	維持証拠金	デイトレード用の証拠金制度（当初証拠金に対する比）
Ultra 30-YR T-BOND	UB	$7,150	$6,500	50％
10-YR T-NOTE	TY	$1,678	$1,525	50％
Ultra 10-YR NOTE	TEN	$2,695	$2,450	50％
5-YR T-NOTE	FV	$880	$800	50％
2-YR T-NOTE	TU	$341	$310	50％
EURODOLLAR (CME)	ED	$220	$200	なし
貴金属				
GOLD (COMEX)	GC	$9,900	$9,000	50％
SILVER (COMEX)	SI	$14,850	$13,500	50％
COPPER (COMEX)	HG	$6,600	$6,000	50％
PALLADIUM (NYMEX)	PA	$34,100	$31,000	50％
PLATINUM (NYMEX)	PL	$5,060	$4,600	50％
MICRO GOLD (COMEX)	MGC	$990	$900	50％
E-MICRO SILVER (COMEX)	SIL	$2,970	$2,700	50％
MINI GOLD (ICE)	YG	$2,941	$2,674	なし
MINI SILVER (ICE)	YI	$2,254	$2,019	なし
エネルギー				
CRUDE OIL (NYMEX)	CL	$5,995	$5,450	50％
NATURAL GAS (NYMEX)	NG	$2,723	$2,475	50％
HEATING OIL (NYMEX)	HO	$6,105	$5,550	50％
RBOB GASOLINE (NYMEX)	RB	$6,875	$6,250	50％
BRENT CRUDE OIL (ICE)	BRN	$6,039	$5,490	50％
LOW SULPHUR GASOIL (ICE)	ULS	$4,085	$3,714	なし

銘柄	ティッカーシンボル	当初証拠金	維持証拠金	デイトレード用の証拠金制度（当初証拠金に対する比）
E-MINY CRUDE OIL (NYMEX)	QM	$2,998	$2,725	50%
E-MINY NATURAL GAS (NYMEX)	QN	$681	$619	50%
E-MINY HEATING OIL (NYMEX)	QH	$3,053	$2,725	50%
E-MINY RBOB GASOLINE (NYMEX)	QU	$3,438	$3,125	50%
MICRO CRUDE OIL (NYMEX)	MCL	$600	$545	なし
農産物（CBOT）				
WHEAT	W	$2,530	$2,300	なし
HARD RD WINTER WHEAT	KW	$2,585	$2,350	なし
CORN	C	$2,640	$2,400	なし
OATS	O	$1,128	$1,025	なし
SOYBEANS	S	$5,500	$5,000	なし
SOYBEAN OIL	BO	$3,410	$3,100	なし
SOYBEAN MEAL	SM	$3,630	$3,300	なし
ROUGH RICE	RR	$1,430	$1,300	なし
MILK (CME)	DA	$1,650	$1,500	なし
BUTTER (CME)	CB	$1,320	$1,200	なし
MINI WHEAT	YW	$506	$460	なし
MINI CORN	YC	$528	$480	なし
MINI SOYBEANS	YK	$1,100	$1,000	なし
畜産（CME）				
LEAN HOGS	LH	$1,980	$1,800	なし
LIVE CATTLE	LC	$1,760	$1,600	なし
FEEDER CATTLE	FC	$3,190	$2,900	なし

銘柄	ティッカーシンボル	当初証拠金	維持証拠金	デイトレード用の証拠金制度（当初証拠金に対する比）
ソフト（ICE）				
COFFEE	KC	$9,900	$9,000	なし
COTTON	CT	$2,915	$2,650	なし
FROZEN OJ	OJ	$1,386	$1,260	なし
COCOA	CC	$2,090	$1,900	なし
SUGAR #11	SB	$1,232	$1,120	なし
その他				
LUMBER (CME)	LB	$9,900	$9,000	150％

第9章

ポジションを仕掛けたあとはどうするのか

ここまでに、ポートフォリオ構築におけるポジションサイズについて知っておくべき概念はすべて書いた。この方法に従って配分を十分小さくしておけば、危険を冒さずにトレードすることができるだろう。しかし、私が先ほど紹介した銀先物のトレードで痛い思いをして学んだように、仕掛けたあとにリスクやボラティリティや証拠金が急に変わることもよくある。

随分前のことだが、私はこの自分にとっての運命のトレードで、トレード資金に合わせたポジションサイズで仕掛けるということを学んだ。しかし、このトレードにはさらなる教訓があった。それまでの人生で最も儲かっていた反面、ストレスも大きかったトレードが進行していくなかで、トレードをしている最中のポジションサイズの管理も重要だということを学んだのだ。つまり、ポジションサイズの管理は仕掛けたら終わりというわけではない。トレードをしている間もずっと管理して、ポートフォリオとのバランスを維持していかなければならない。

トレード進行中のリスク配分の限度

トレード中のポジションサイズの管理は、仕掛けるときのポジションサイズの決め方と同じではない。新しいトレードを仕掛けるときは、資金を維持するためにトレードの損切りポイントを決めておくべきだが、そのリスク水準は市場が順行するか逆行するかで変わってくる。市場が逆行しているときは、損切りを置いたところに近づいていくため、リスクは減っていく。しかし、市場が順行しているとき、特にその動きが速いときは、含み益が増えるのと同時に潜在的なリスクも大きくなる。それでもこれは良いことであり、利益はできるだけ大きくしたい。

リスクが一％、一・五％、二・五％、四％、六％と上がっていくどこかの時点で、市場が一気に損切りまで急落したときに、ポートフォリオの機能とあなたの心理が問題になってくる。売買エンジンによっては仕切り注文を順行のときほど素早く動かすことができなくて、リスクが拡大してしまうこともある。そのため、トレード中のポジションのリスク配分の割合の上限は仕掛けの配分よりも高くすると同時に、ポートフォリオのリスク水準に見合った水準に限定しておく必要がある。

例えば、仕掛けのリスク配分を資金の一％、含み益が増えるのに合わせてリスク配分の上限を二・五％としておき、それを超えたら株数や枚数を利食いながら減らしていって、二・五％以下に抑えていくという方法がある。こうすれば、かつて私の銀先物のポジションがポートフォリオのなかで支配的な割合に拡大してしまったようなことを避けることができる。

先物でのトレード中にリスク配分の上限を変えたシミュレーション

トレーディング・ブロックスのソフトウェアでは株式でのトレード中にリスクの限度を変えたシミュレーションができなかった。しかし、先物についてはカスタマイズによって可能になったため、その結果を紹介する。株についても同じように機能するはずである。

先物でのトレード中にリスク配分の上限を変えたシミュレーション分析

基本のケースはほかのすべてのシミュレーションと同じにしてある。次の行は、仕掛けのポジションで最もお勧めのリスクとボラティリティとリスク・ボラティリティを組み合わせたケースを載せた。そのあと、トレード中にリスク配分の上限を一・〇％から二・五％まで変えてシミュレーションを行った。トレード中の配分の上限としては、二・二％に＊印を付けた。こうすると、リスクとボラティリティを組み合わせて仕掛

最大ドローダウン（%）	最長ドローダウン（月）	MARレシオ	修正シャープレシオ
-14.6%	83.8	0.19	0.47
-13.8%	20.5	0.32	0.62
-23.9%	77.4	0.31	0.57
-13.1%	20.5	0.34	0.63
-11.7%	20.5	0.41	0.68
-12.8%	20.5	0.40	0.70
-13.4%	20.5	0.38	0.69
-13.0%	20.5	0.40	0.69
-11.9%	20.5	0.43	0.68
-12.6%	20.5	0.41	0.68
-12.8%	20.5	0.41	0.69
-12.6%	20.5	0.41	0.69
-13.2%	20.5	0.40	0.68
-12.9%	**20.5**	**0.42**	**0.69**
-13.1%	20.5	0.40	0.68
-12.2%	20.5	0.42	0.67
-12.7%	20.5	0.40	0.65

表７　先物でのトレード中にリスク配分の上限を変えたシミュレーション

開始時の資金はすべて50万ドルで、仕掛け時のリスク配分とボラティリティ配分は0.5％

リスク配分	ボラティリティ配分	終了時（単位=1000ドル）	年平均リターン（%）
基本のケース１枚	50万ドル	$686.6	+2.78%
最善のリスク配分	0.5％	$828.3	+4.41%
最善のボラティリティ配分	0.5％	$1154.6	+7.42%
リスク0.5％	ボラティリティ0.5％	$832.5	+4.46%
トレード中	リスク1.3％	$859.5	+4.80%
トレード中	リスク1.4％	$890.4	+5.12%
トレード中	リスク1.5％	$894.1	+5.16%
トレード中	リスク1.6％	$894.1	+5.16%
トレード中	リスク1.7％	$884.6	+5.06%
トレード中	リスク1.8％	$889.8	+5.12%
トレード中	リスク1.9％	$904.6	+5.27%
トレード中	リスク2.0％	$898.6	+5.20%
トレード中	リスク2.1％	$907.0	+5.29%
トレード中＊	**リスク2.2％**	**$917.8**	**+5.40%**
トレード中	リスク2.3％	$907.5	+5.29%
トレード中	リスク2.4％	$892.9	+5.15%
トレード中	リスク2.5％	$883.4	+5.05%

けた〇・五%のケースよりもリターンが高くなり、ドローダウンは小さくなり、最長ドローダウンはほぼ同じで、リターン・リスク比は改善した。これなら使える。ただ、ポジションサイズの追求はまだまだ続くようだ。

トレード中にボラティリティ配分の上限を変えたシミュレーション分析

ボラティリティ配分でも同じようになるが、私は市場が順行していれば、リスク配分のときほど大きく配分を変える必要はないと思う。トレード中のポジションのボラティリティについては、何年も前からウェブ上に出回っている有名な漫画を思い出す。これは株式市場の典型的なサイクルとして、ベア相場からブル相場、投機熱、上昇トレンドでの神経質な相場、上昇トレンドが終わる恐怖、本格的なベア相場とそれに伴う

国で最も重要な金融機関のよくある1日

傑作だ。

1989年のエコノミスト誌の表紙より

懸念、そして再び次のサイクルが始まるという様子を表している。

私は長年トレードをするなかで、私がポジションを仕掛けると、市場は退屈なほど静かで、だれもその市場に関心を持っていないように見えることがよくあることに気づいた。レンジもリスクもボラティリティも低く、証拠金も少なく、市場はただ横ばいで進んでいくのだ。ちなみに、仕掛け時のポジションサイズの計算は、リスクもボラティリティも低く証拠金も少ないと大きなポジションを提示する。

しかし、しばらくしてトレーダーたちがトレンドの変化に気づいて参入し始めると、市場はゆっくりと動き始める。ボラティリティはいったん高値を付け、リスクが拡大する。そのあと、ニュースが次々と入ってきて、さらなる動きと興奮をあおると、さらに多くのトレーダーが参入する。そうなると市場の動きが速くなり、それまでのペースで手仕舞いを調整することができなくなるため、リスク配分は大きくなる。みんながこの明らかなトレンドに気づくとボラティリティは高くなり、さらに多くのトレーダーが参入する。このときこそ、私たちは成功するトレーダーとして、トレード中のポジションサイズを管理しなければならない。

最初にボラティリティ配分を〇・五％で仕掛けるということは、このポジションが一回に〇・五％上下してもかまわないということである。ポートフォリオに与える影響の大きさは、自分の許容量に応じて決めている。市場の興奮がさらに高まると、ポジションがポートフォリオに及ぼす影響を抑えたいと思うかもしれない。そのようなときは、トレード中のポジションサイズを例えば○・六％や○・八％に限定すれば、多少は興奮してもポジションサイズは妥当な水準で維持することができる。

先物でのトレード中にボラティリティ配分の上限を変えたシミュレーション

株式のシミュレーションはトレーディング・ブロックスのソフトウェアではできなかったが、私たちがトレンドスタットで行った調査によってトレード中のポジションのボラティリティ配分を管理するとリターン・リスク比が改善し、ドローダウンが減り、パフォーマンスがより安定することが分かっている。次の**表8**は、トレード中にさまざまなボラティリティ配分の上限を変えてシミュレーションした結果である。基本のケ

最大ドローダウン（%）	最長ドローダウン（月）	MARレシオ	修正シャープレシオ
-14.6%	83.8	0.19	0.47
-13.8%	20.5	0.32	0.62
-23.9%	77.4	0.31	0.57
-13.1%	20.5	0.34	0.63
-11.8%	20.5	0.39	0.64
-12.2%	20.5	0.39	0.63
-11.8%	20.5	0.41	0.64
-11.8%	**20.5**	**0.41**	**0.63**
-11.8%	20.5	0.41	0.63
-11.8%	20.5	0.41	0.63

ースと仕掛けのリスクとボラティリティの配分も合わせて記してある。

先物でのトレード中にボラティリティ配分の上限を変えたシミュレーション分析

基本のケースは、リスク配分のときと同じく仕掛けのリスクとボラティリティの配分を〇・五％にした。一九の銘柄でトレード中にボラティリティ配分の上限を〇・五～一・〇％に変え、ボラティリティが配分の限度に達すると、一部を手仕舞いして限度内の配分を保つようにし

表８　先物でのトレード中にボラティリティ配分の上限を変えたシミュレーション

開始時の資金はすべて50万ドルで、仕掛けのリスク配分とボラティリティ配分は0.5％

リスク配分	ボラティリティ配分	終了時（単位=1000ドル）	年平均リターン（％）
基本のケース１枚	50万ドル	$686.6	+2.78%
最善のリスク配分	0.5％	$828.3	+4.41%
最善のボラティリティ配分	0.5％	$1154.6	+7.42%
リスク0.5％	ボラティリティ0.5％	$832.5	+4.46%
トレード中	ボラティリティ0.5％	$841.4	+4.61%
トレード中	ボラティリティ0.6％	$859.3	+4.80%
トレード中	ボラティリティ0.7％	$861.3	+4.82%
トレード中＊	**ボラティリティ0.8％**	**$862.1**	**+4.83%**
トレード中	ボラティリティ0.9％	$862.1	+4.83%
トレード中	ボラティリティ1.0％	$862.1	+4.83%

た。今回は、私がおそらく選ぶであろう〇・八％の配分に＊印を付けた。このケースはリターンが基本のケースを大きく上回り、最大ドローダウンは減り、最長ドローダウンは変わらず、リターン・リスク比は改善した。しかし、ボラティリティの限度を〇・八％より上げても各項目の値が変わらないため、あまり意味がない。つまり、この例ではボラティリティの限度を上げすぎてもメリットはなかった。今回も、ポジション管理戦略をもう一段改善できたように思う。

トレード中の証拠金の限度

トレード中のポジションの証拠金の管理は、すでにトレード中のリスクとボラティリティを管理しているならば、あまり心配しなくてよい。市場のボラティリティやリスクが上昇して取引所が証拠金を引き上げるころには、すでにポジションを適切に手仕舞いして、ポジションサイズを調整できているはずだからだ。私のトレード人生で、トレード中のポジションを証拠金の増減が理由で調整したことはなかったと思う。仕掛けるときに十分な証拠金があり、トレード中もポジションサイズをきちんと管理していれば、証拠金が不足することはなかったということだ。

第10章

先物でのトレード中にリスクとボラティリティの限度を組み合わせる

先物でのトレード中にリスクとボラティリティの限度を変えたシミュレーション

トレード中の株のリスクとボラティリティについては、トレーディング・ブロックスのソフトウェアでシミュレーションができなかったが、トレンドスタット時代に両方を限定するメリットは確認している。本書では、私のカスタマイズしたトレーディング・ブロックスのソフトウェアで先物のシミュレーションを行った結果で、その効果を見てほしい。今回は、トレード中にリスクとボラティリティの両方を変えてシミュレーションを行った。

先物でのトレード中にリスクとボラティリティの限度を変えたシミュレーション分析

基本のケースはこれまでとすべて同じで、今回は一九の銘柄でトレード中にボラティリティ配分の上限を〇・五～一・五％、リスク配分の上限を一・〇～二・五％の範囲で変えてシミュレーションを行った。シミュレーションの数が多くなったため、今回はリスクとボラティリティのスイートスポットとその前後の数値を抜粋して示している。

結果は、ある程度予想していたとおりトレード中はリスク配分が二・二％、ボラティリティ配分が〇・八％で運用するのが最も合理的に見えるため、その行に＊印を付けた。この組み合わせだと、リターンもドローダウンの大きさと長さもあまり変わらないが、リターン・リスク比が少し改善した。これは素晴らしい進展ではないが、それでも改善はしている。次は、最後にあと少し効果を絞り出すためのステップを紹介しよう。

開始時の資金はすべて50万ドル

年平均リターン（%）	最大ドローダウン（%）	最長ドローダウン（月）	MARレシオ	修正シャープレシオ
+2.78%	-14.6%	83.8	0.19	0.47
+4.41%	-13.8%	20.5	0.32	0.62
+7.42%	-23.9%	77.4	0.31	0.57
+4.46%	-13.1%	20.5	0.34	0.63
+4.83%	-11.8%	20.5	0.41	0.63
+5.40%	-12.9%	20.5	0.42	0.69
+5.29%	-13.2%	20.5	0.40	0.68
+5.29%	-13.2%	20.5	0.40	0.68
+5.29%	-13.2%	20.5	0.40	0.68
+5.40%	-13.1%	20.5	0.41	0.68
+5.40%	**-12.9%**	**20.5**	**0.42**	**0.69**
+5.40%	-12.9%	20.5	0.42	0.69
+5.29%	-13.1%	20.5	0.40	0.68
+5.29%	-13.1%	20.5	0.40	0.68
+5.29%	-13.1%	20.5	0.40	0.68

表9　先物でのトレード中にリスクとボラティリティの限度を変えたシミュレーション

リスク配分	ボラティリティ配分	終了時（単位=1000ドル）
基本のケース１枚	50万ドル	$686.6
最善のリスク配分	0.5％	$828.3
最善のボラティリティ配分	0.5％	$1154.6
リスク0.5％	ボラティリティ0.5％	$832.5
トレード中	ボラティリティ0.8％	$862.1
トレード中	リスク2.2％	$917.8
トレード中のリスク2.1％	トレード中のボラティリティ0.7％	$907.0
トレード中のリスク2.1％	トレード中のボラティリティ0.8％	$907.0
トレード中のリスク2.1％	トレード中のボラティリティ0.9％	$907.0
トレード中のリスク2.2％	トレード中のボラティリティ0.7％	$917.7
トレード中のリスク2.2％ *	**トレード中のボラティリティ0.8％**	**$917.8**
トレード中のリスク2.2％	トレード中のボラティリティ0.9％	$917.8
トレード中のリスク2.3％	トレード中のボラティリティ0.7％	$907.1
トレード中のリスク2.3％	トレード中のボラティリティ0.8％	$907.1
トレード中のリスク2.3％	トレード中のボラティリティ0.9％	$907.1

第11章

ポートフォリオ全体のリスクを管理する

ポジションを適正な水準に制限するのと同様に、ポートフォリオ全体のリスクを適正な水準に制限することで付加価値を与えることができる。**表10**では、ポートフォリオ全体のリスクを一〇・〇～一五・〇％の範囲で変えてシミュレーションを行った。今回も一九の銘柄で運用しているポートフォリオなので、一ポジション当たりのリスク配分は〇・七％前後になっている。

しかし、なぜポートフォリオのリスクも管理する必要があるのだろうか。私が資産運用の仕事を始めたばかりのころ、最高パフォーマンスを更新していたため、顧客から追加投資の要望が多くあった。しかし、このようなときはたいていドローダウンが間近に迫っており、そうなれば、顧客には資産が次に高値を更新するまで耐えてもらう必要がある。しかし、顧客に耐えてもらうためには十分説明し、安心して投資を続けてもらうという作業が必要になった。また、最高値を付けているファンドに多くの追加資金が殺到すると、ポートフォリオ全体のリスクが上がってしまうため、リバランスをして最高値を付けていない資産に投資する必要もあった。

このことは逆のケース、つまりドローダウンの底についても言える。顧客はドローダウンを嫌い、それを理由にファンドを解約する。私は、ポートフォリオ全体のリスク水準は、追加投資をする時期を判断するのに役立つことを発見した。一九の銘柄のリスクがどれもずっと比較的低水準で推移していれば、低リスクで投資できる時期であり、多くの場合、その後はファンドのパフォーマンスが上がり、高値を更新することになる。つまり、顧客が怖がって逃げ出すときは、私が安心してポジションを増やすことができるときなのである。私は顧客にこの話をしてファンドにとどまるよう説得を試みたことがあるが、たいていは失敗に終わった。

表10の結果はどれも妥当で、基本のケースやこれまで行ってきたリスク管理のシミュレーションよりもはるかに良い結果になった。このなかで私が選ぶとしたら、ポートフォリオ全体の一二・五％を限度としたケ

開始時の資金はすべて50万ドル

年平均リターン（%）	最大ドローダウン（%）	最長ドローダウン（月）	MARレシオ	修正シャープレシオ
+2.78%	-14.6%	83.8	0.19	0.47
+4.41%	-13.8%	20.5	0.32	0.62
+7.42%	-23.9%	77.4	0.31	0.57
+4.46%	**-13.1%**	**20.5**	**0.34**	**0.63**
+4.83%	-11.8%	20.5	0.41	0.63
+5.40%	-12.9%	20.5	0.42	0.69
+5.40%	**-12.9%**	**20.5**	**0.42**	**0.69**
+4.89%	-12.3%	20.5	0.40	0.73
+5.23%	-12.0%	20.5	0.44	0.76
+5.00%	-12.3%	20.5	0.41	0.70
+5.16%	-12.7%	20.5	0.41	0.71
+5.55%	**-12.7%**	**20.5**	**0.44**	**0.74**
+5.17%	-12.9%	20.5	0.40	0.69
+5.05%	-12.5%	20.5	0.40	0.67
+5.39%	-13.1%	20.5	0.41	0.69
+5.50%	-12.9%	20.5	0.43	0.70
+5.44%	-12.9%	20.5	0.42	0.69

表10　先物でのトレード中にポートフォリオ全体のリスクの限度を変えたシミュレーション

リスク配分	ボラティリティ配分	終了時（単位=1000ドル）
基本のケース１枚	50万ドル	$686.6
最善のリスク配分	0.5%	$828.3
最善のボラティリティ配分	0.5%	$1154.6
リスク0.5%＊	**ボラティリティ0.5%**	**$832.5**
トレード中	ボラティリティ0.8%	$862.1
トレード中	リスク2.2%	$917.8
トレード中のリスク2.2%＊	**トレード中のボラティリティ0.8%**	**$917.8**
トレード中のポートフォリオ	リスク10.0%	$868.0
トレード中のポートフォリオ	リスク10.5%	$900.7
トレード中のポートフォリオ	リスク11.5%	$878.7
トレード中のポートフォリオ	リスク12.0%	$894.3
トレード中のポートフォリオ＊	**リスク12.5%**	**$933.5**
トレード中のポートフォリオ	リスク13.0%	$895.5
トレード中のポートフォリオ	リスク13.5%	$883.8
トレード中のポートフォリオ	リスク14.0%	$916.9
トレード中のポートフォリオ	リスク14.5%	$928.0
トレード中のポートフォリオ	リスク15.0%	$922.6

ースになる。リターンが最も高く、最大ドローダウンは少し改善し、最長ドローダウンは変わらず、リターン・リスク比は高めだからだ。これでまたポジションサイズの探求をさらに進めることができた。

このことを自分のポートフォリオに応用するためにはどうすればよいだろうか。ポートフォリオ全体のリスクが制限を超えたら、ポジションの一部を手仕舞いして、全体が制限以下になるようにすればよい。もしポートフォリオの五％分を手仕舞いしなければならないとき、私ならばまず最も手仕舞いしやすいポジション、つまり株数や枚数が最も多いポジションを減らす。そこから五％手仕舞ってみて、全体がどうなるか計算し、それで足りなければ次に大きいポジションを手仕舞いするということを、ポートフォリオ全体のリスクが制限内になるまで繰り返していく。私はこの調整を翌日の寄り付きで行っているが、自分に合ったそれ以外のタイミングでもかまわない。

第12章

ここまでのまとめ

本書で探求してきたポジションサイズは、単純なトレンドフォローモデルの売買エンジンを使って行った。一九の銘柄で運用したポートフォリオは、過去一一年間でこれらの市場や今回の戦略にとって不利な時期が二回あり、有利な時期は一回しかなかった。そのため、今回のポートフォリオはほとんどの人が逃げ出すようなドローダウンをもたらし、リターンもかなり低かった。

次の二つの図のパフォーマンスとドローダウンを見てほしい。

上の図は基本のケースで、ドローダウンが非常に長く続き、パフォーマンスは急に上がるが横ばいが多い。下の図は、リスクとボラティリティの配分を〇・五％で仕掛け、トレード中はリスクを二・二％、ボラティリティを〇・八％に制限し、トレード中のポートフォリオ全体のリスクは一二・五％に制限した場合である。

もしこの二つしか選択肢がなければ、どちらでトレードするだろうか。下のほうが選びやすいと思う。上よりもパフォーマンスが改善している

パフォーマンスカーブ（対数目盛り）とドローダウン――基本のケース

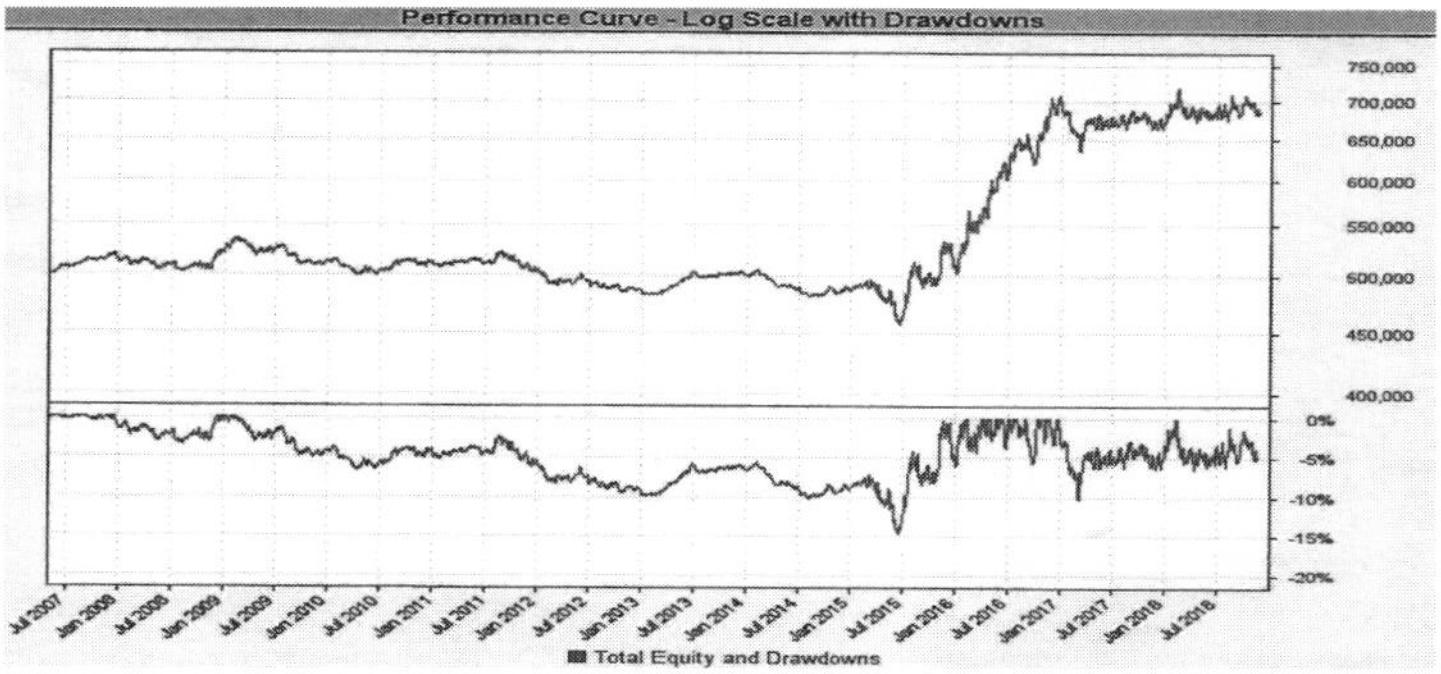

パフォーマンスカーブ（対数目盛り）とドローダウン――リスクとボラティリティを調整

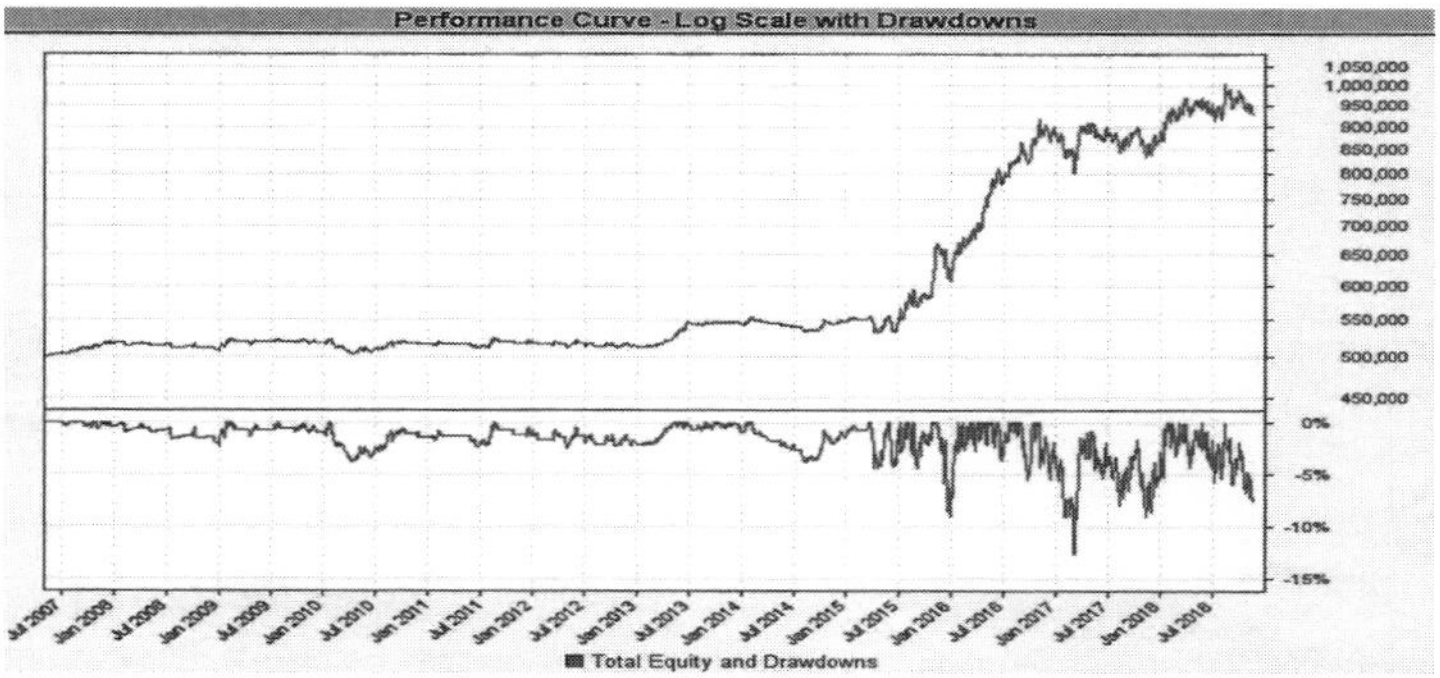

からだ。初期のドローダウンはあまり長くないため、規律を守りやすいかもしれない。また、パフォーマンスの上昇カーブの形は似ているが、下のほうが少しスムーズになっている。最大ドローダウンは大きく上がったあとに起こっているが、そのときに上のケースよりも少し長く耐えることができるかもしれない。最後に、グラフの最後の部分が上は横ばいだが、下は少し上がっている。

数字で見ると、下のグラフは価値が二・七七％以上増え、二つのリターン・リスク比が改善し、最長ドローダウンがかなり短くなり、最大ドローダウンは約二％減った。上のケースよりも下を選ぶべきことは明らかだ。

それでは、なぜポジションサイズを気にしないトレーダーがいるのだろうか。次のトレードは自信があるから増し玉していけばよいと思っているのかもしれない。負けトレードが三回続いたため、問題が見つかるまでは小さくトレードしようと思っているのかもしれない。あるいは、パソコンが使えなくて計算が大変すぎると思い、単純な方法を使っているのかもしれないが、それでは追加的なリターンを稼げないばかりか長期的にはパフォーマンスを下げていることになるだろう。ほかにも、資金が少なすぎてポジションサイズのアルゴリズムを使うと、株数や枚数がゼロになってしまうのかもしれない。後者の場合、アルゴリズムはまずは何とかトレード資金を増やしたほうがよいとささやいているのかもしれない。

結局、仕掛けとトレード中に適切なポジションサイズを保ち、ポートフォリオ全体のリスクを制限することは、トレードを勘と経験に頼った賭けとしてではなく、会社の経営と同じように取り組むことなのである。ポジションサイズ戦略はリターンを増やし、リスクとボラティリティを減らし、リターン・リスク比を改善する。これらのことはすべて、すぐそこに迫っているかもしれない厳しい時期を生き延びる助けになる。

第13章

「スケールアウト」と「ポジションサイズの適正化」

バン・K・タープ博士は、『デフィニティブ・ガイド・トゥ・ポジション・サイジング（Definitive Guide to Position Sizing）』という素晴らしい本のなかで、私が行っているトレード中のポジションサイズ戦略は、彼がポジションの「スケールアウト」（段階的に分割して手仕舞いすること）と呼んでいる手法と同じだと書いている。外部から見れば、確かにスケールアウトをしているように見えるのかもしれない。私はかなり多くの株数や枚数のポジションでトレードしている。そして、リスクやボラティリティが高くなるとポジションの一部を手仕舞いして許容できる水準に調整するが、そのときたいてい多少の利益を確保する。ただ、些細なことに見えるかもしれないが、私はこれが「スケールアウト」だとは思っていない。

もし売買エンジンに仕掛けたポジションをスケールアウトするポイントを判断させる機能があれば（例えば、トントンの価格やある程度の利益目標に達したとき）、それは仕掛けたポジションをスケールアウトしていることになる。しかし、最も単純なトレンドフォロー戦略では、上げたか下げたか、一〇〇%仕掛けるか手仕舞うかしかない。トレードを仕掛けて、そのあとリスクやボラティリティが高くなったときにポジションの一部を手仕舞い管理していくことは、ポジションサイズの適正化と呼ぶほうが適している。これは売買エンジンによるスケールアウトではなく、リスクとボラティリティを抑制しながらポジションサイズを調整していくことなのである。この指摘はとても小さなことかもしれないが、新たにトレードを始める人たちにこの二つの言葉の考え方の違いを明確に示したいと考えてきた。

第14章

自分に適した
イクスポージャーを決める

ここまでで、トレードを仕掛けてから手仕舞うまで、ポジションサイズを常に適正に保つ単純でエレガントな方法が分かったと思う。また、ポートフォリオ全体のリスクを妥当な水準に保つこともできるようになった。そこで、次はリスクやボラティリティや証拠金の配分割合を具体的に決めなければならない。この部分は、それぞれのトレーダーが自分で決める必要がある。トレードの世界では、トレーダーごとにリスクやボラティリティの許容量が違うし、売買エンジンも、資金も時間枠も違うため、自分のニーズに合わせてイクスポージャーを決めていかなければならない。すべてのトレーダーやすべての戦略で機能する値は存在しないのである。

本書で紹介したシミュレーションは、すべて勝率が三五～三八％になっている。つまり、一〇〇回トレードすると平均三五～三八回は利益になるが、残りは損失になる。実は、この勝率は、今回の売買エンジンの期待値よりも少し高かった。私が過去に確認したトレンドフォローモデルの勝率はおおむね三三～三五％程度だったからだ。正しいポジションサイズをしないでトレードするときは、そのことをよく覚えておいてほしい。つまり、トレードの約六七％は損失で終わるということだ。もし次のトレードの敗率が勝率の二倍ならば、絶対にポジションサイズを管理して損失を最小限に抑える必要がある。

極限を狙うという選択肢はない

ポジションサイズを調整して最大のリターンを目指す手法などという話を聞いたことがあると思う。ラルフ・ビンスが初期に書いた人気の何冊かは、シミュレーションを行って、ポートフォリオのリターンが最高になる絶好調のポイントまで「ポートフォリオヒート」、つまりポートフォリオ内のすべてのポジションのイクスポージャーを高めるよう勧めている。言い換えれば、レバレッジを使ってポートフォリオが破綻するま

$$f^* = (bp - q) \div b = [bp - (1 - p)] \div b = [p \times (b + 1) - 1] \div b$$

f＊は手持ちの資金の何％を賭けるか、つまり掛け金
bは勝ったときの利益（「b対1」）。1ドル賭けて勝てば、その1ドルと儲けのbドルを得ることができる
pは勝率
qは敗率、つまり（1- p）

でリスクとボラティリティを高めたところから一歩引くということだ。

ケリー基準またはケリーの賭けはウィキペディアによると、二つの結果（資金がすべて失われるか、オッズの倍率で増える）がある単純な賭けにおいて最適なポジションサイズを算出する手法である。

この二つのポジションサイズを決める手法は、どちらもトレード用語で「アクセルを力いっぱい踏む」のと似ている。しかし、市場は素早く動き、ボラティリティがトレーダーの決意と規律を試してくる。私がトレーダーとして用いてきた戦略は、どれもある時点で困難を経験している。理論的に最高の水準でトレードして、なおポートフォリオを破綻させないようにするためには、確実にトレーダーの心理面の弱点をすべて試されることになる。このようなとき、私を含めてほとんどの人が冷静かつ戦略的な姿勢を維

持するのは難しい。そのため、私はこのようなやり方を、たとえ経験豊富なトレーダーであっても絶対に勧めない。

少ないほうが良いところ

もしレバレッジを極めて高くするのではなく、これまで紹介してきた配分戦略を使ってリスク割合とボラティリティ割合をそれぞれ〇・二五％以下に保つことでイクスポージャーを低く抑えてトレードすると、次のようなことが分かる。

①リターンが低くなる。
②ポートフォリオの動きが退屈になる。
③ドローダウンが小さくなる。
④一単位のポジションを仕掛けるだけでもかなり大きな資金が必要かも

しれない。

⑤新人トレーダーの多くが少額の資金から始めるが、それでは計算上ゼロ単位から始めることになり、多くの銘柄はトレードできない。

つまり、どこかで妥協点を見つけなければならない。これまでの章で紹介した例では、私の戦略と許容量の範囲で受け入れられるイクスポージャーの水準を示してきた。ただ、多くの人はこれよりも低い水準から始め、経験を積んで自分の戦略やポートフォリオの運用に慣れてからリスクやボラティリティを上げていくべきだろう。これが正しい始め方である。

第15章

ポジションサイズの「スイートスポット」に関するミスター冷静沈着の考え方

ジャック・シュワッガーが私に「ミスター冷静沈着」というニックネームを付けたのは、彼が出会ったトレーダーのなかで私がかなり落ち着いていると思ったからだろう。確かに、私は何に対してもあまり動じない。毎秒、市場をチェックするようなこともしない。市場が引けるとたいてい三〇分以内に自分の指標やポジションサイズを更新するなどの作業を終わらせ、あとは多くの引退した人が楽しみにしている活動に向かう。私はよくジムに行くし、ときどきゴルフもする。料理も好きだし、歌やダンスも楽しんでいる。庭いじりも得意だし、ほかのトレーダーと話をするのも楽しいし、投資業界に関する論文や本も多く執筆している。

私がトレードで冷静沈着でいられるのは、正しいポジションサイズでトレードしているからであり、驚くようなことではない。私はトレードに何十年もの経験があり、効率的にトレードするための十分な資金を持っている。ただ、一日のなかでトレードできる時間は三〇分しかない。そのため、南シナ海のクルーズ船上でその日のトレードをしたこともある。

このときは回線の問題もあったが、なんとかなった。

このようなことを取り入れながら、私は自分自身や自分の状況に合った戦略を構築し、毎日冷静に戦略を実行していくための精神的な規律を高めていった。わざわざ自分にストレスをかける必要はない。じっくり考え抜いた戦略があり、ポジションサイズが利益も損失も妥当な水準に収めてくれるため、心理状態が安定しているのだ。私のトレードでは、感情を刺激するような大きな利益や大きな損失は生じない。その一方で、ポジションサイズが小さすぎて日々の作業に注意が向かなくなるほど退屈な結果しか出ないというわけでもない。

本書では、具体的な数字を使って単純な例を紹介してきた。ただ、読者のスイートスポットは私のそれとは違う。それでも心配はいらない。自分に適切なトレード水準が見つかれば、すべてが思ったよりも簡単でストレスも下がっていく。トレードを始めたばかりの人は、できるだけ小さいポジションサイズから始めるべきだろう。そして、トレードがうまくいき、自分の戦略を長く継続しようと思い、規律が身に付き、トレードの過程に慣れてくれば、少しずつポジションサイズの水準を上げていけばよい。経験を積んでいけば、より大きなポジションサイズを持っているときも、それが正しいポジションサイズだということで安心感がある。間違えるにしても保守的な側にいて、すべてを単純にしておく。トレードを複雑にする必要はどこにもない。

だからこそポジションサイズを適正な水準にして、トレードを楽しんでほしい。

トム・バッソ（https://enjoytherideworld.odoo.com/ 創業者）

著者紹介

トム・バッソは一二歳のとき、新聞配達のアルバイト代で初めての投資信託を買った。そして一九七四年、クラークソン・カレッジ・オブ・テクノロジー（現クラークソン大学）で化学エンジニアリングを学び、卒業すると株を買い始めた。それから二年後、彼はポートフォリオを分割し、株で得た利益の一部を使って先物のトレードを始めた。一九八〇年代初めには、サザン・イリノイ大学でＭＢＡ（経営学修士号）を修得した。

一九八〇年、バッソは二人の仲間とともにケネディー・キャピタル・マネジメントを創業した。しかし、二～三年後には自分の持ち分を売却し、トレンドスタット・キャピタル・マネジメントのオーナー兼社長になった。この会社は、株と投資信託と先物のトレードを行っていたが、取引量の増加に伴って、ＦＸのプログラムも加わり、ピーク時には世界中の顧客から預かった約六億ドルの資産を運用していた。

バッソの数学とコンピューターの経験が、トレンドスタットの時間と人材の活用に役立った。彼のモットーは「コンピューター化が可能なものはそうする」で、これがのちに一〇〇万ドル規模のリサーチとトレードのプラットフォームの開発につながった。このプラットフォームは、数百人の顧客の口座で、三〇種類のＦＸ通貨ペアと八〇の商品や先物市場を管理するだけでなく、二〇以上の投資信託の売買タイミングを七つの異なるトレード戦略を同時に使って運用することができるものだった。

ジャック・シュワッガーは、**『新マーケットの魔術師――米トップトレーダーたちが語る成功の秘密』**（パンローリング）でバッソにインタビューし、彼を「ミスター冷静沈着」と呼んだ。バッソは、全米先物協会の理事に三人の公認ＣＴＡ（商品投資顧問業者）の一人として選出され、ここで電子報告や注文フローや規制データの基準を導入して業界の自動化を進めた。また、過去にはナショナル・アソシエーション・オブ・アクティブ・インベストメント・マネジャース（ＮＡＡＩＭ）の理事や、アリゾナ州スコッツデールにあるクリーマイザー・インク（小さな会社だがアメリカでコーヒークリームサーバーのトップメーカー）の取締役、ランプ・テクノロジース（テキサス州ダラスにある先物業界とヘッジファンド業界のバックオフィスのアウトソーシングに特化した会社で、のちにニューヨークの銀行に買収された）の経営委員なども務めていた。

彼は、トレーダーを助けるために**『トム・バッソの禅トレード』**（パンローリング）、ゴルフがうまくなりたい人のために『パッティング――ザ・イージエスト・ストローク・イン・ゴルフ』（Putting - The Easiest Stroke in Golf）を執筆した。また、トレーダーのためのウェブサイト（https://enjoytherideworld.odoo.com/）も開設し、トレーダーが自分の戦略をコンピューター化できるようにする目的で作ったエクセル版ＥＴＲトレーディングツールを提供している。さらには、全一六回のビデオシリーズを制作し、トレーダーが自分に合ったトレード戦略を開発する学びに寄り添っている。バッソは一五年ほど前に引退し、ゴルフ、執筆、料理、歌、ダンス、運動、トレーダー仲間の手助けなどさまざまな活動を楽しんでいる。

■監修者紹介
長岡半太郎（ながおか・はんたろう）
放送大学教養学部卒。放送大学大学院文化科学研究科（情報学）修了・修士（学術）。日米の銀行、CTA、ヘッジファンドなどを経て、現在は中堅運用会社勤務。全国通訳案内士、認定心理士、2級ファイナンシャル・プランニング技能士（FP）。『バフェットとマンガーによる株主総会実況中継』『ルール』『不動産王』『バフェットからの手紙【第5版】』『その後のとなりの億万長者』『IPOトレード入門』『ウォール・ストリート・ストーリーズ』『システム検証DIYプロジェクト』『株式投資　完全入門』『強気でも弱気でも横ばいでも機能する高リターン・低ドローダウン戦略』『知られざるマーケットの魔術師』『パーフェクト証券分析』など、多数。

■訳者紹介
井田京子（いだ・きょうこ）
翻訳者。主な訳書に『トレーダーの心理学』『トレーディングエッジ入門』『プライスアクショントレード入門』『トレーダーのメンタルエッジ』『バリュー投資アイデアマニュアル』『FX 5分足スキャルピング』『完全なる投資家の頭の中』『株式投資で普通でない利益を得る』『T・ロウ・プライス』『行動科学と投資』『不動産王』『バフェットからの手紙【第5版】』『IPOトレード入門』（いずれもパンローリング）など、多数。

2021年10月３日　初版第１刷発行

ウィザードブックシリーズ⑳

トレードで成功するための「聖杯」はポジションサイズ
――トム・バッソが教えるその理由とその方法

著　者　トム・バッソ
監修者　長岡半太郎
訳　者　井田京子
発行者　後藤康徳
発行所　パンローリング株式会社
〒160-0023　東京都新宿区西新宿 7-9-18　6階
TEL 03-5386-7391　FAX 03-5386-7393
http://www.panrolling.com/
E-mail　info@panrolling.com
編　集　エフ・ジー・アイ（Factory of Gnomic Three Monkeys Investment）
装　丁　パンローリング装丁室
組　版　パンローリング制作室
印刷・製本　株式会社シナノ

ISBN978-4-7759-7289-2

トム・バッソ

トレンドスタット・キャピタル・マネジメントの株式と先物の元トレーダー。1980年から株式の運用を始めて年平均16%、1987年から先物の運用し始めて年平均20%の実績を残す。『新マーケットの魔術師』で取り上げられ、どんな事態でも冷静沈着に対応する精神を持つ「トレーダーのかがみ」として尊敬を集めた。

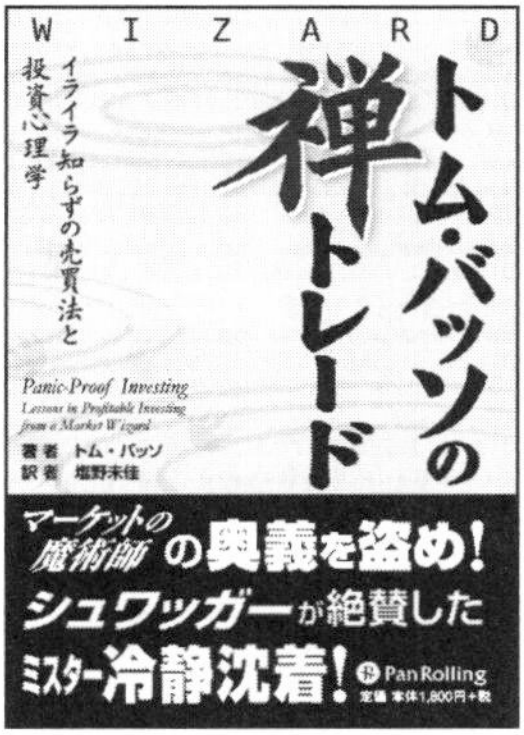

ウィザードブックシリーズ 176

トム・バッソの禅トレード

定価 本体1,800円+税　ISBN:9784775971437

投資で成功する心構えと方法とは

資産運用ビジネスをしていて良かった。そう感じることが何度もある。このような本を執筆できるのもそのひとつだ。他人の資産を運用し始めてかれこれ一七年になるが、今でも多くの人が自分の資金をうまく管理運用できていないことに驚いている。わたしは投資のことで試行錯誤を続けている多くの人と出会った。資産運用業界に対しては手厳しい人が多いが、なかにはもっともな理由がある場合もあるが、そのほかの人は単に知識がないだけであり、資産運用という問題にどう対処したらよいのか分からないようだ。———— はじめに (トム・バッソ)

目次

ジャック・D・シュワッガー

現在は、FundSeeder.comの共同設立者兼最高リサーチ責任者として、まだ知られていない有能なトレーダーを世界中から見つけることに注力している。著書には『マーケットの魔術師』シリーズ５冊（『マーケットの魔術師』『新マーケットの魔術師』『マーケットの魔術師【株式編】』『続マーケットの魔術師』『知られざるマーケットの魔術師』）などがある。

ウィザードブックシリーズ 19

マーケットの魔術師
米トップトレーダーが語る成功の秘訣

定価 本体2,800円+税　ISBN:9784939103407

トレード界の「ドリームチーム」が勢ぞろい

世界中から絶賛されたあの名著が新装版で復刻！

投資を極めたウィザードたちの珠玉のインタビュー集！

今や伝説となった、リチャード・デニス、トム・ボールドウィン、マイケル・マーカス、ブルース・コフナー、ウィリアム・オニール、ポール・チューダー・ジョーンズ、エド・スィコータ、ジム・ロジャーズ、マーティン・シュワルツなど。

ウィザードブックシリーズ 315

知られざるマーケットの魔術師

最新刊

驚異の成績を上げる無名トレーダーたちの素顔と成功の秘密

定価 本体2,800円+税　ISBN:9784775972847

30年にわたって人気を博してきた『マーケットの魔術師』シリーズの第5弾！

本書は自己資金を運用する個人トレーダーに焦点を当てている。まったく知られていない存在にもかかわらず、彼らはプロの一流のマネーマネジャーに匹敵するパフォーマンスを残している！

バン・K・タープ博士

コンサルタントやトレーディングコーチとして国際的に知られ、バン・タープ・インスティチュートの創始者兼社長でもある。これまでトレーディングや投資関連の数々のベストセラーを世に送り出してきた。講演者としても引っ張りだこで、トレーディング会社や個人を対象にしたワークショップを世界中で開催している。またフォーブス、バロンズ、マーケットウイーク、インベスターズ・ビジネス・デイリーなどに多くの記事を寄稿している。

ウィザードブックシリーズ 134

新版 魔術師たちの心理学

定価 本体2,800円+税　ISBN:9784775971000

秘密を公開しすぎた

ロングセラーの大幅改訂版が（全面新訳!!）新登場。

儲かる手法（聖杯）はあなたの中にあった!!あなただけの戦術・戦略の編み出し方がわかるプロの教科書!

ウィザードブックシリーズ 160

タープ博士のトレード学校
ポジションサイジング入門

定価 本体2,800円+税　ISBN:9784775971277

スーパートレーダーになるための自己改造計画

『新版 魔術師たちの心理学』入門編。

タープが投げかけるさまざまな質問に答えることで、トレーダーとして成功することについて、あなたには真剣に考える機会が与えられるだろう。

ウィザードブックシリーズ215

トレードコーチとメンタルクリニック

定価 本体2,800円+税　ISBN:9784775971819

あなたを 自己発見の旅へといざなう

己の内面を見つめることで、あなたの意思決定に大きな影響を及ぼしている心に染み付いた考えや信念や認識から解き放たれる。成績を向上させ、スーパートレーダーへの第一歩となるヒントが満載。

好評発売中

ウィザードブックシリーズ 316

強気でも弱気でも横ばいでも機能する 高リターン・低ドローダウン戦略

ローレンス・ベンスドープ【著】

定価 本体2,800円+税　ISBN:9784775972854

システムトレードを目指す個人トレーダーの福音書！

無相関の複数のシステムを開発し、自分だけに合うように構築する方法を詳しく説明している。過去の値動きから統計的なエッジ（優位性）を見いだし、自動化されたシステムを組み合わせることで、どんな相場つきでも非常に低いドローダウンと2桁の高いリターンを実現するというものだ。彼のアプローチをものにし、理解すれば、初心者のトレーダーでも過剰なリスクをとることなく、高いリターンを上げることができるだろう。

ウィザードブックシリーズ 312

システム検証DIYプロジェクト トレンドフォローシステムを毎日修正・更新する

ジョージ・プルート【著】

定価 本体5,800円+税　ISBN:9784775972816

プログラミング初心者に贈る入門バイブル！

ジョージ・プルートがPythonで書いたTradingSimula18バックテスターを使って、システムを記述、プログラミング、検証する。TradingSimula18はポートフォリオに含まれる各銘柄を毎日ループして、バックテストの最中にアロケーションを変更することができるのが特徴だ。セクター分析や銘柄やセクターのオン・オフなど、多岐にわたるトピックが満載である。プログラミングと検証を始めるのに必要なものはすべて本書に含まれている。30もの銘柄の15年にわたる先物のつなぎ足データもプルートが正しく修正したものが含まれている。また、すべてのアルゴリズムはイージーランゲージでもプログラミングしているので、Pythonが嫌いな人でもまったく心配はいらない。あとは、プルートが手取り足取り伝授してくれる検証DIYワールドへ、そしてあなただけのアルゴリズム開発の世界へ、旅立とう！

ウィザードブックシリーズ 257

マーケットのテクニカル分析 トレード手法と売買指標の完全総合ガイド

ジョン・J・マーフィー【著】

定価 本体5,800円+税　ISBN:9784775972267

世界的権威が著したテクニカル分析の決定版！

1980年代後半に世に出された『テクニカル・アナリシス・オブ・ザ・フューチャーズ・マーケット（Technical Analysis of the Futures Markets）』は大反響を呼んだ。そして、先物市場のテクニカル分析の考え方とその応用を記した前著は瞬く間に古典となり、今日ではテクニカル分析の「バイブル」とみなされている。そのベストセラーの古典的名著の内容を全面改定し、増補・更新したのが本書である。本書は各要点を分かりやすくするために400もの生きたチャートを付け、解説をより明快にしている。本書を読むことで、チャートの基本的な初級から上級までの応用から最新のコンピューター技術と分析システムの最前線までを一気に知ることができるだろう。

ウィザードブックシリーズ 261

マーケットのテクニカル分析 練習帳

ジョン・J・マーフィー【著】

定価 本体2,800円+税　ISBN:9784775972298

テクニカル分析の定番『マーケットのテクニカル分析』を完全征服！

『マーケットのテクニカル分析』の知見を実践の場で生かすための必携問題集！ 本書の目的は、テクニカル分析に関連した膨大な内容に精通しているのか、あるいはどの程度理解しているのかをテストし、それによってテクニカル分析の知識を確かなものにすることである。本書は、読みやすく、段階的にレベルアップするように作られているため、問題を解くことによって、読者のテクニカル分析への理解度の高低が明確になる。そうすることによって、マーフィーが『マーケットのテクニカル分析』で明らかにした多くの情報・知識・成果を実際のマーケットで適用できるようになり、テクニカル分析の神髄と奥義を読者の血と肉にすることができるだろう！